AF331698

LE DROIT DE TRADUCTION

Extrait de la Chronique du *Journal général de l'Imprimerie et de la Librairie*

Publié par le Cercle de la Librairie, de l'Imprimerie et de la Papeterie.

Le droit de traduction sera certainement une des questions les plus discutées au Congrès de Bruxelles, surtout en ce qui concerne la législation internationale. Aussi importe-t-il de faire une étude spéciale de cette grave question.

Le droit exclusif de traduction des œuvres du domaine privé est-il la conséquence nécessaire du droit de propriété sur le texte original? Ce droit doit-il exister sans conditions ni restrictions? En cas de négative, quelles conditions et quelles restrictions doivent lui être imposées, soit dans les législations privées, soit dans le droit international? Faut-il en limiter l'exercice seulement au pays d'origine? Faut-il l'étendre à tout pays, quel qu'en soit l'idiome, moyennant certaines conditions? Faut-il imposer à l'auteur l'obligation de faire traduire son œuvre, sous peine de déchéance de son droit pour les idiomes dans lesquels une traduction ne serait pas faite? En supposant l'obligation imposée à l'auteur de faire publier ces traductions, quel délai devrait lui être accordé pour ces publications? Dans ce cas, la durée de son droit serait-elle égale à celle reconnue pour le texte original? Enfin l'auteur et l'éditeur devraient-ils être astreints à l'obligation d'annoncer sur les titres la réserve du droit de traduction, sous peine de déchéance?

Nous n'avons ni la prétention ni la mission de résoudre de si graves questions, qui seront l'objet d'importantes discussions au Congrès de Bruxelles, mais nous croyons utile de réunir et de mettre sous les yeux de nos lecteurs divers documents relatifs à cette question. Nous publierons successivement la jurisprudence française, des extraits des conventions internationales et de la législation de chaque pays en ce qui concerne le droit de traduction, les opinions émises par les publicistes et jurisconsultes qui se sont occupés de ces matières, enfin les solutions proposées par le Comité d'organisation de Bruxelles, la Commission mixte du Cercle de la librairie et de la Société des auteurs dramatiques, et la Société des gens de lettres.

I.

JURISPRUDENCE FRANÇAISE.

La législation française ne contient aucune disposition spéciale concernant la traduction dans une autre langue d'œuvres originales protégées par les lois sur la propriété littéraire; mais la jurisprudence a établi que le droit absolu des auteurs sur leurs œuvres et leurs conceptions renferme implicitement le droit de les traduire ou d'en autoriser la traduction en d'autres langues, et qu'en conséquence toute traduction non autorisée par eux ou leurs ayants cause est une contrefaçon. Voici le texte de plusieurs arrêts et jugements rendus en ce sens par les tribunaux français.

COUR DE CASSATION.

Chambre des requêtes. — Présidence de M. Mesnard.

Audience du 12 janvier 1853.

Propriété littéraire. — Opéra-comique traduit en langue étrangère et représenté en France. — Droit de l'auteur et du compositeur.

La représentation d'un opéra français traduit en langue étrangère ne peut avoir lieu en France sans le consentement des auteurs des paroles et de la musique.

« La cour,

« Attendu qu'aux termes de la loi du 13 janvier 1791, les ouvrages des auteurs vivants ne peuvent être représentés sur aucun théâtre public sans le consentement formel et par écrit des auteurs;

« Attendu qu'il est établi en fait par l'arrêt attaqué que l'opéra intitulé *la Figlia del Reggimento*, représenté par Lumley sur le Théâtre-Italien, est le même que celui qui a été écrit et composé pour le théâtre de l'Opéra-Comique par Bayard, pour les paroles, et par Donizetti, pour la musique, sous le titre de *la Fille du Régiment*;

« Qu'il est de plus constaté que la musique de Donizetti a été transportée au Théâtre-Italien

"

telle qu'elle est sortie des mains du compositeur;

« Que, quant aux paroles, la traduction du français en italien ne met entre les deux pièces qu'une différence insignifiante;

« Qu'il suit de là que la reproduction matérielle faite par Lumley de l'œuvre des sieurs Bayard et Donizetti, sans le consentement de ceux-ci, constitue une atteinte formelle à la propriété des auteurs et une infraction à la loi précitée;

« Qu'en condamnant, dans ces circonstances, Lumley à réparer le préjudice qu'il a causé, l'arrêt attaqué s'est conformé à la loi, — Rejette. »

Rapport de M. *le conseiller* HARDOUIN *sur le pourvoi formé par* M. Lumley, *directeur du Théâtre-Italien, contre un arrêt de la cour de Paris le condamnant à des dommages-intérêts envers les auteurs de l'opéra français,* la Fille du Régiment, *traduit en italien* (12 janvier 1853).

Faut-il, ainsi que s'est étudié à le faire le pourvoi, réduire la difficulté au point unique de savoir si la traduction d'une œuvre littéraire constitue une contrefaçon ? Je ne crois pas que cette question abstraite, présentée en termes généraux, soit précisément celle de la cause. Et toutefois, si elle devait être ramenée à une formule aussi simple, les raisons ne manqueraient peut-être pas pour la résoudre contre le demandeur en cassation. Je vous ferai d'abord observer qu'en cette matière l'intérêt de la partie qui se plaint de la contrefaçon doit être pris en grande considération; que si l'auteur est lésé, le traducteur est responsable; que le préjudice éprouvé par l'un est la raison et la mesure de la condamnation de l'autre.

C'est le principe que je trouve consacré dans un arrêt de la cour d'appel de Rouen, du 7 novembre 1845. Il s'agissait de savoir si la traduction en espagnol, publiée à Paris, d'un ouvrage de chimie composé par un professeur de Rouen, constituait une contrefaçon dans le sens de la loi. Cette opinion est celle de M. Pardessus dans son *Droit commercial,* et de l'auteur du *Traité de la contrefaçon,* M. Etienne Blanc.

Il ne faut donc pas donner comme une règle absolue, applicable à tous les cas, qu'il est loisible à chacun de publier, sans le consentement de l'auteur, la traduction de son ouvrage en une autre langue; qu'il n'y a point contrefaçon dans ce fait. Les tribunaux pourront dans ce cas, comme dit M. Pardessus, apprécier les circonstances; et s'il en résultait la preuve, comme elle est évidente dans l'espèce, que la traduction cause un dommage à l'auteur traduit, le traducteur devra être condamné à le réparer.

COUR ROYALE DE ROUEN.

Audience du 7 novembre 1845.

Propriété littéraire. — Traduction en langue espagnole d'une œuvre originale publiée en France. — Droit de l'auteur.

La traduction en une langue étrangère d'une œuvre originale, sans l'autorisation de l'auteur, porte atteinte à son droit de propriété.

« La cour;

« Attendu que ce serait la plus irrationnelle des prétentions que de soutenir qu'il n'est porté aucune atteinte, notamment une atteinte de concurrence, à l'auteur d'un ouvrage écrit et publié en français, parce qu'on s'est borné à le traduire et à l'imprimer en langue étrangère;

« Attendu que si cette traduction ne s'adresse, il est vrai, qu'à ceux qui ont l'usage de cette langue étrangère, il n'en est pas moins vrai qu'on s'adresse à une partie du public, qu'on espère trouver des lecteurs, des acheteurs; qu'on s'accapare donc ainsi, quoique dans une proportion peu importante, la chose d'autrui, ce qui est bien précisément contrevenir aux défenses de la loi, qui n'a fait et ne pouvait faire aucune distinction;

« Attendu que c'est précisément ce qui est reproché à l'imprimeur Rosa; qu'il s'est permis d'éditer l'ouvrage dont il s'agit sans le consentement et au préjudice du droit soit de Lefèvre, soit de l'auteur Girardin, en publiant en espagnol les *Leçons de chimie élémentaire* sous le titre de *Lecciones de quimica elementaria;*

« Condamne, etc. »

COUR ROYALE DE PARIS.

Présidence de M. CAUCHY. — Audience du 17 juillet 1847.

Propriété littéraire. — Ouvrage traduit en langue espagnole. — Droit de l'auteur et de l'éditeur.

La traduction d'une œuvre originale faite sans la permission de l'auteur ou de son cessionnaire est une reproduction dommageable pour lui de l'ouvrage dont il a la propriété exclusive, et présente par conséquent tous les caractères distincts du délit de contrefaçon.

« Les sieurs Lecointe et consorts sont appelants, par acte passé au greffe le 26 mars 1847, d'un jugement contradictoire du tribunal de police correctionnelle de Paris, sixième chambre, en date du 23 du même mois, et dont la teneur suit :

« En ce qui touche la plainte en contrefaçon :

« Attendu, en droit, qu'il résulte des art. 1er et 2 de la loi du 19 juillet 1793, que l'auteur d'un ouvrage ou son cessionnaire en a la propriété exclusive, et qu'aux termes de l'article 425 du code pénal toute édition d'un ouvrage publié au mépris des lois et règlements relatifs à la propriété des auteurs est une contrefaçon ;

« Que par leur généralité les dispositions de la loi s'appliquent à toute espèce de reproduction, lorsque cette reproduction est de nature à porter atteinte à la propriété d'autrui ;

« Attendu que la traduction d'un livre français en langue étrangère reproduit nécessairement l'ouvrage original, puisque le traducteur en prend le titre, le sujet, les idées, les arguments et les phrases, tout en un mot, excepté la langue, et qu'il est évident que ce qui constitue un ouvrage ce sont le sujet, les idées, l'ordre dans lequel elles sont présentées, et leur développement, et non l'idiome dans lequel il est écrit ;

« Que s'il est vrai que la traduction n'est pas destinée à la même partie du public que l'ouvrage original, il n'en est pas moins certain qu'elle enlève à l'auteur, sans l'assentiment duquel elle a lieu, une classe de lecteurs à laquelle il aurait pu s'adresser, et qu'elle le prive des bénéfices sur lesquels il pouvait légitimement compter, soit en traduisant lui-même son ouvrage, soit en cédant moyennant rétribution le droit de le traduire ;

« Que la traduction ainsi faite sans la permission de l'auteur ou de son cessionnaire est donc une reproduction dommageable pour lui, de l'ouvrage dont il a la propriété exclusive, et présente par conséquent, lorsqu'elle est publiée et débitée en France, tous les caractères constitutifs du délit de contrefaçon ;

« Attendu en fait que A. Le Clere et Cᵉ justifient qu'ils sont propriétaires d'un ouvrage intitulé : *Défense du christianisme, ou Conférences sur la religion*, par M. Frayssinous ;

« Qu'il résulte de l'instruction et des débats que Lecointe et consorts ont publié et mis en vente à Paris deux éditions de cet ouvrage traduit en espagnol, imprimées à Paris, et qu'ils en ont débité des exemplaires notamment en 1844 et 1845 ;

« Qu'il n'est pas contesté que cette publication a eu lieu sans l'autorisation de A. Le Clere et Cᵉ ;

« Que dès lors, en faisant imprimer à Paris et en y publiant et vendant lesdites deux éditions au mépris des droits de propriété de ces derniers, lesdits Lecointe et consorts se sont rendus coupables du délit de contrefaçon prévu et puni par les articles 425, 427 et 429 du code pénal ;

« En ce qui touche les dommages-intérêts ;

« Attendu que du délit de contrefaçon qui vient d'être établi, il est résulté pour A. Le Clere et Cᵉ un préjudice que le tribunal peut appré-

cier, et qu'il convient de leur en accorder la réparation ; que toutefois le long silence qu'ils ont gardé doit être pris en considération pour la fixation desdits dommages-intérêts ;

« Par ces motifs, vu les articles précités, qui ont été lus par le président ;

« Condamne Lecointe et consorts solidairement à 100 fr. d'amende ;

« Les condamne solidairement et par corps à payer auxdits A. Le Clere et Cᵉ la somme de 2,000 fr. à titre de dommages-intérêts ;

« Déclare confisquées les deux éditions dont il s'agit de la traduction en langue espagnole de la *Défense du christianisme*, ou *Conférences sur la religion*, par M. Frayssinous ;

« Ordonne que les exemplaires desdites éditions saisis par procès-verbal du 27 mars 1846, ensemble ceux qui pourraient l'être à l'avenir, seront remis à A. Le Clere et Cᵉ ;

« Déclare également confisqués les clichés établis pour la deuxième édition, et que Lecointe, lors dudit procès-verbal du 27 mars, a annoncé avoir été envoyés en Belgique.

« Ordonne que Lecointe et consorts seront tenus de les remettre à A. Le Clere et Cᵉ dans le mois du présent jugement ; sinon et faute par eux de ce faire dans ledit délai et icelui passé, les condamne solidairement et par corps à payer auxdits A. Le Clere et Cᵉ la somme de 1,000 fr. pour tenir lieu desdits clichés ;

« Condamne Lecointe et consorts solidairement aux dépens liquidés, savoir : à la somme de 40 fr. 65 c. pour ceux avancés par le trésor, et à celle de 6 fr. 50 c. pour ceux avancés par les parties civiles ;

« Déclare A. Le Clere et Cᵉ tenus des dépens envers le trésor, sauf leur recours contre Lecointe et consorts ;

« Fixe à une année la durée de la contrainte par corps contre Lecointe et consorts, en conformité des articles 39-40 de la loi du 17 avril 1832. »

— « La cour,

« Statuant sur les appels interjetés par Lecointe et consorts, du jugement susdaté et transcrit ;

« Adoptant les motifs des premiers juges, met les appellations au néant, ordonne que ce dont est appel sortira son plein et entier effet ;

« Condamne les appelants solidairement aux dépens, ceux faits à la requête du ministère public à 6 fr. 15 cent., et ceux avancés par les parties civiles à 6 fr. 95 cent., non compris le timbre, l'enregistrement, le coût et la signification du présent arrêt ;

« Déclare les parties civiles tenues personnellement des frais avancés par le trésor, sauf le recours de droit contre les condamnés. »

COUR D'APPEL DE PARIS.

1re chambre. — Présidence de M. Troplong.

Audience du 26 janvier 1852.

Propriété littéraire. — Opéra-comique traduit en langue étrangère et représenté en France. — Droit de l'auteur et du compositeur.

Le directeur d'un théâtre ne peut faire exécuter en France un opéra traduit en langue étrangère d'un opéra français sans acquitter aux auteurs de la musique et des paroles le droit de représentation qui leur est assuré par la loi.

« La cour,

« Considérant que l'opéra intitulé : *la Figlia del Reggimento*, et représenté par Lumley sur le Théâtre-Italien, est le même que celui qui a été écrit et composé pour l'Opéra-Comique par Saint-Georges et Bayard pour les paroles, et par Donizetti pour la musique, et qui porte le titre de *la Fille du Régiment*;

« Que la traduction des paroles françaises en paroles italiennes ne met entre les deux pièces qu'une différence insignifiante;

« Que ce point est d'abord évident à l'égard de la musique, puisqu'elle a été conservée intacte, telle qu'elle est sortie des mains du compositeur, et qu'en passant sur le théâtre de Lumley elle y est restée grevée du droit de propriété appartenant à Donizetti;

« Que le changement ou la version des paroles ne saurait avoir aucune influence à l'égard de l'inventeur de la musique;

« Que, dans l'opéra dont il s'agit, la musique est une partie tellement importante de l'œuvre lyrique, que la modification des paroles, surtout quand elle est aussi secondaire qu'une traduction, n'en peut altérer le genre spécial d'expression et en diminuer les droits;

« Considérant, à l'égard des paroles, que les auteurs ont aussi, à cet égard, un droit de propriété qui doit leur rester plein et exclusif;

« Que, si une simple traduction pouvait faire concurrence à la pièce originale telle qu'elle est représentée sur un théâtre voisin et avec la même musique, il en résulterait pour eux un préjudice réel, puisque la reproduction pour ainsi dire matérielle de leur œuvre ne leur profiterait pas;

« Qu'il suit de là que Lumley s'est emparé de la chose d'autrui quand il a prétendu faire exécuter sur la scène italienne l'opéra de *la Figlia del Reggimento*, sans payer aux auteurs de la musique et des paroles originales le droit assuré à la propriété; que l'autorisation qui lui a été donnée par Saint-Georges, en ce qui le concerne, ne saurait rien enlever à l'intégrité des droits de Bayard, qui n'a pas consenti au sacrifice de ses droits;

« Considérant, au surplus, que les héritiers Donizetti justifient suffisamment de leur qualité;

« Adoptant enfin en tant que de besoin les motifs des premiers juges, — confirme. »

TRIBUNAL DE PREMIÈRE INSTANCE DE PARIS.

Audience du 23 avril 1857.

Propriété littéraire. — Ouvrage d'origine française traduit en langue espagnole, publié en pays étranger et introduit en France. — Droit de l'auteur de l'œuvre originale.

Doit être considérée comme contrefaçon la traduction faite en langue étrangère d'un ouvrage d'origine française et imprimée à l'étranger; à ce titre, elle ne peut être introduite ni vendue en France.

« Le tribunal,

« Attendu que les grammaires expédiées de Cadix, à Rosa et Bouret, par la maison Abelardo Carlos, ne sont que la reproduction littérale en une autre langue de l'œuvre d'Ollendorff;

« Que le titre porte son nom et est disposé comme son propre titre que tous les exemples sont identiquement les mêmes; que les leçons sont copiées presque servilement, ainsi que les thèmes; qu'un simple rapprochement des ouvrages suffit à le démontrer;

« Qu'on rencontre seulement çà et là quelques transpositions qui ont pour but unique de déguiser la contrefaçon; qu'on y trouve aussi une ou deux leçons qui diffèrent de celles d'Ollendorff, mais qui sont malheureusement choisies, et ne devraient pas figurer dans un livre destiné à la jeunesse;

« Attendu que Rosa et Bouret opposent, dans tous les cas, que Ollendorff ne saurait se prévaloir contre eux des dispositions du traité international conclu entre la France et l'Espagne le 15 novembre 1853;

« Attendu que, en admettant que ce traité ne soit pas applicable à la cause, et que toutes les formalités qu'il exige n'aient pas été remplies, Ollendorff invoque utilement en sa faveur le décret impérial du 5 février 1810, auquel il n'a été nullement dérogé, et qui protége son droit de propriété privative;

« Attendu, dans ces circonstances, que Rosa et Bouret sont non recevables à réclamer la remise des trois caisses contenant les grammaires dont s'agit au procès;

« Attendu, au contraire, que ces grammaires, étant le produit d'une contrefaçon évidente, doivent être confisquées au profit d'Ollendorff, qui a intérêt à s'opposer à la circulation;

« Attendu qu'Ollendorff demande en outre qu'il lui soit alloué des dommages-intérêts, mais qu'il ne justifie pas avoir éprouvé de préjudice, puisque les ouvrages contrefaits sont restés en dépôt à la direction de la librairie, au ministère de l'intérieur ; qu'aucun d'eux n'a été vendu, et qu'ainsi concurrence n'a pu être faite ;

« Par ces motifs,

« Déclare Rosa et Bouret mal fondés dans leur demande et les en déboute ;

« Ordonne que les caisses contenant les grammaires à eux expédiées de Cadix seront remises à Ollendorff; dit qu'il n'y a lieu d'accorder à Ollendorff les dommages-intérêts par lui réclamés ; dit qu'il n'y a lieu non plus d'ordonner l'impression du présent jugement dans les journaux ; condamne Rosa et Bouret aux dépens. »

II.

CONVENTIONS INTERNATIONALES

Sur vingt-quatre conventions internationales conclues entre la France et les principaux États de l'Europe, huit seulement contiennent des dispositions relatives au droit exclusif de traduction des œuvres originales, qu'elles reconnaissent et admettent moyennant certaines conditions de publication et certaines restrictions de durée. Dans les seize autres conventions, la question du droit de traduction n'est l'objet d'aucune disposition spéciale; elle se règle conformément à la législation respective des États contractants. Sur quatre conventions internationales conclues entre douze Etats de l'Europe, trois conventions contiennent des conditions spéciales relatives au droit de traduction et analogues à celles des conventions conclues avec la France. Voici les articles de ces conventions, dans lesquels la question du droit de traduction a été expliquée et résolue.

AUTRICHE. — *Convention avec la Sardaigne, conclue le 22 mai 1840.*

Art. 3. Les traductions, faites dans l'un des Etats respectifs, de manuscrits ou d'ouvrages publiés en langue étrangère hors du territoire desdits Etats, sont également considérées comme des productions originales, comprises dans les dispositions de l'article 1er. Sont pareillement comprises dans les dispositions de cet article les traductions faites dans l'un des Etats respectifs d'ouvrages publiés dans l'autre. Toutefois il faut en excepter le cas où l'auteur, sujet de l'un des deux souverains contractants, en publiant son œuvre, annonce l'intention d'en publier lui-même une traduction dans les mêmes Etats, et la fait paraître en effet dans le délai de six mois, auquel cas il conserve également pour la traduction tous ses droits d'auteur.

Plusieurs Etats italiens, le grand-duché de Toscane, le duché de Modène, les Etats pontificaux et le canton du Tessin ont également adhéré à la convention ci-dessus.

GRAND-DUCHÉ DE BADE. — *Convention avec la France, conclue le 2 juillet 1857 et approuvée le 26 août 1857.*

Art. 3. Les stipulations contenues dans l'article 1er s'appliquent également à la représentation et à l'exécution, en original ou en traduction, des œuvres dramatiques ou musicales, en tant que les lois de chacun des deux Etats garantissent ou garantiront par la suite protection aux œuvres susdites, exécutées ou représentées pour la première fois sur les territoires respectifs.

Pour obtenir la garantie exprimée dans le présent article pour la représentation ou exécution, en traduction, d'une œuvre dramatique ou musicale, il faut que, dans l'espace de trois mois après la publication ou la représentation de l'original, dans l'un des deux pays, l'auteur en ait fait paraître la traduction dans la langue de l'autre pays.

Art. 4. L'auteur de tout ouvrage publié dans l'un des deux pays, qui aura entendu réserver son droit de traduction, jouira pendant cinq années, à partir du jour de la première publication de la traduction de son ouvrage autorisée par lui, du privilége de protection contre la publication dans l'autre pays de toute traduction du même ouvrage non autorisée par lui, et ce, sous les conditions suivantes :

1° Il faudra que l'auteur ait indiqué en tête de son ouvrage son intention de se réserver le droit de traduction ;

2° Ladite traduction devra avoir paru, au moins en partie, dans le délai d'un an, à compter de la date de la publication de l'œuvre originale, et en totalité, dans un délai de trois ans, à partir de la même date.

Pour les ouvrages publiés par livraisons, il suffira que la déclaration de l'auteur, qu'il entend se réserver le droit de traduction, soit exprimée sur la première livraison. Toutefois, en ce qui concerne le terme de cinq années assigné par le présent article pour l'exercice du droit privilégié de traduction, chaque livraison sera considérée comme un ouvrage séparé.

Art. 5. Sont expressément assimilées aux ouvrages originaux les traductions, faites dans l'un des deux Etats, d'ouvrages nationaux ou étrangers. Ces traductions jouiront, à ce titre, de la protection stipulée par l'article 1er en ce qui concerne la reproduction non autorisée dans l'autre Etat. Il est bien entendu toutefois que l'objet du présent article est simplement de protéger le traducteur, par rapport à la version qu'il a donnée de l'ouvrage original, et non pas de conférer le droit exclusif de traduction au premier traducteur d'un ouvrage quelconque écrit en langue morte ou vivante.

Belgique. — *Convention avec la France, conclue le 22 août 1852 et approuvée le 13 avril 1854.*

Art. 5. L'auteur de tout ouvrage publié dans l'un des deux pays, qui aura entendu se réserver le droit de traduction, jouira pendant cinq années, à partir du jour de la première publication de la traduction de son ouvrage autorisée par lui, du privilége de protection contre la publication, dans l'autre pays, de toute traduction du même ouvrage non autorisée par lui, et ce, sous les conditions suivantes :

1° L'ouvrage original sera enregistré et déposé dans l'un des deux pays, dans un délai de trois mois, à partir du jour de la première publication dans l'autre pays, conformément aux dispositions de l'article 2 précédent;

2° Il faudra que l'auteur ait indiqué en tête de son ouvrage l'intention de se réserver le droit de traduction ;

3° Il faudra que ladite traduction autorisée ait paru, au moins en partie, dans le délai d'un an, à compter de la date de l'enregistrement et du dépôt de l'original effectués ainsi qu'il vient d'être prescrit, et en totalité dans le délai de trois ans, à partir dudit dépôt;

4° La traduction devra être publiée dans l'un des deux pays et être elle-même enregistrée et déposée, conformément aux dispositions de l'article 2 précédent.

Pour les ouvrages publiés par livraisons, il suffira que la déclaration de l'auteur, qu'il entend se réserver le droit de traduction, soit exprimée dans la première livraison.

Toutefois, en ce qui concerne le terme de cinq ans assigné par cet article pour l'exercice du droit privilégié de traduction, chaque livraison sera considérée comme un ouvrage séparé; chacune d'elles sera enregistrée et déposée dans l'un des deux pays dans les trois mois, à partir de sa première publication dans l'autre.

Relativement à la traduction des ouvrages dramatiques, l'auteur qui voudra se réserver le droit exclusif dont il s'agit au présent article devra faire paraître sa traduction trois mois après l'enregistrement et le dépôt de l'ouvrage original.

La Belgique a conclu également une convention avec la Grande-Bretagne dans des termes à peu près analogues. (Voir *Grande-Bretagne.*)

Espagne. — *Convention avec la France, conclue le 15 novembre 1853, et approuvée le 4 février 1854.*

Art. 2. La protection accordée aux œuvres originales s'étend aux traductions.

Toutefois l'objet du présent article est simplement de protéger le traducteur, sous les conditions ci-après exprimées, par rapport à sa propre traduction, et non pas de conférer le droit exclusif de traduction au premier traducteur d'un ouvrage quelconque, hormis dans le cas et les limites prévus par les dispositions suivantes.

Art. 3. L'auteur de tout ouvrage publié dans l'un des deux pays, qui aura entendu réserver son droit de traduction, jouira pendant cinq années, à partir du jour de la première publication de la traduction de son ouvrage autorisée par lui, du privilége de protection contre la publication, dans l'autre pays, de toute traduction du même ouvrage non autorisée par lui, pourvu que la sienne soit publiée dans le délai de six mois, à partir de la publication de l'œuvre originale, et que l'auteur ait rempli toutes les formalités prescrites à cet effet dans le présent traité.

Art. 4. La traduction des œuvres dramatiques confère ces mêmes droits à l'auteur de l'original, si toutefois la traduction faite pour son compte ou avec son consentement est publiée dans les trois premiers mois et qu'il ait rempli les autres formalités.

Le droit de subvention des auteurs dramatiques sur les représentations, dans les pays où la traduction de leur ouvrage sera mise en scène, est fixé au quart des droits que les lois du pays accordent au traducteur. Ce quart se trouve compris dans le montant total des droits que les entreprises théâtrales auront à payer aux traducteurs.

Les droits des compositeurs de musique sont assimilés à ceux des auteurs originaux, pourvu que le poëme soit écrit dans la langue originale.

Art. 5. La protection et les droits stipulés dans les deux articles précédents n'ont pas pour objet d'interdire les imitations et les appropriations faites de bonne foi des œuvres littéraires, scientifiques, dramatiques, de musique et d'art, en France et en Espagne, mais seulement d'en prévenir les contrefaçons, les réimpressions, les représentations et copies faites au préjudice des intérêts et des droits spécialement réservés aux auteurs et aux inventeurs. Les tribunaux compétents de l'un et de l'autre Etat, et conformément à la législation en vigueur dans chacun d'eux, seront compétents pour résoudre, dans tous les cas, les questions auxquelles donneraient lieu les contrefaçons, falsifications, imitations ou copies desdites œuvres.

Art. 8. Pour que le droit des auteurs sur les traductions de leurs ouvrages puisse être exercé conformément à ce qui est établi dans les articles 2 et 3 du présent traité, il est nécessaire de remplir préalablement les formalités suivantes : l'auteur d'un ouvrage original, lorsqu'il le fera paraître, devra déclarer en tête dudit ouvrage qu'il se réserve le droit de traduction, et en conséquence de cette déclaration sera tenu de la publier, si l'ouvrage ne se compose que d'un seul volume, dans les premiers six mois qui en suivront la publication.

Si l'auteur publie à la fois deux ou plusieurs volumes d'un même ouvrage, le délai sera augmenté d'autant de fois six mois que l'ouvrage publié comprendra de volumes, de telle sorte que le deuxième volume devra paraître dans les douze mois au moins qui suivront l'accomplissement desdites formalités de dépôt, et ainsi de suite. A l'égard des ouvrages qui paraissent par volumes séparés ou par livraisons, il suffira que cette déclaration soit faite en tête du premier volume ou de la première livraison.

Cependant la traduction d'un ouvrage publié par livraisons devra paraître au plus tard dans les trois premiers mois qui suivront le dépôt de chacune d'elles.

Art. 9. La réserve du droit de traduction d'une œuvre dramatique, avec obligation de la faire paraître dans un temps déterminé, est fixée à une durée de trois mois, à compter du jour du dépôt et de l'enregistrement, par assimilation, sous ce rapport, des œuvres aux livraisons des ouvrages dramatiques de toute autre nature.

Art. 10. Le propriétaire d'un ouvrage dont la publication se fera par volumes ou par livraisons qui ne remplira pas les formalités de dépôt et d'enregistrement prescrites par les articles précédents, celui également qui, dans les six mois au plus tard qui suivront le dépôt et l'enregistrement, s'il s'agit d'un volume, et dans les trois mois, s'il s'agit d'une livraison ou d'un ouvrage dramatique, n'aura pas publiée sa traduction, perdront leur droit de traduction sur le volume ou la livraison qui n'aura pas été soumis à l'une quelconque des formalités prescrites par les articles précédents.

Ils perdront également ce droit de traduction sur tous les volumes ou livraisons du même ouvrage qui auront été déjà publiées, ainsi que sur tous les volumes ou livraisons à publier. Par suite, le droit de traduction de l'ouvrage entier tombera dans le domaine public.

ÉTATS ALLEMANDS (Saxe-Weimar, Saxe-Meiningen, Saxe-Altenbourg, Saxe-Cobourg-Gotha, Brunswick, Anhalt-Dessau-Cœthen, Anhalt-Bernbourg, Schwarzbourg - Rudolstadt, Schwarzbourg - Sondershausen, Reuss). — *Convention avec la Grande-Bretagne.*

Voir *Grande-Bretagne.*

ÉTATS ITALIENS (Toscane, Modène, Rome, Tessin). — *Convention avec l'Autriche.*

Voir *Autriche.*

GRANDE-BRETAGNE. — 1° *Convention de la Grande-Bretagne avec la France, conclue le 3 novembre 1851 et approuvée le 22 janvier 1852.*

Art. 2. La protection accordée aux ouvrages originaux est étendue aux traductions. Il est bien entendu toutefois que l'objet du présent article est simplement de protéger le traducteur par rapport à sa propre traduction, et non pas de conférer le droit exclusif de traduction au premier traducteur d'un ouvrage quelconque, hormis dans le cas et les limites prévus par l'article suivant.

Art. 3. L'auteur de tout ouvrage publié dans l'un des deux pays, qui aura entendu réserver son droit de traduction, jouira pendant cinq années, à partir du jour de la première publication de la traduction de son ouvrage autorisée par lui, du privilége de protection contre la publication, dans l'autre pays, de toute traduction du même ouvrage non autorisée par lui, et ce, sous les conditions suivantes :

1° L'ouvrage original sera enregistré et déposé dans l'un des deux pays, dans un délai de trois mois, à partir du jour de la première publication dans l'autre pays ;

2° Il faudra que l'auteur ait indiqué en tête de son ouvrage l'intention de se réserver le droit de traduction ;

3° Ladite traduction autorisée devra avoir paru, au moins en partie, dans le délai d'un an, à compter de la date de l'enregistrement et du dépôt de l'original, et en totalité dans le délai de trois ans, à partir dudit dépôt ;

4° La traduction devra être publiée dans l'un des deux pays et être enregistrée et déposée conformément aux dispositions de l'article 8.

Pour les ouvrages publiés par livraisons, il suffira que la déclaration de l'auteur, qu'il entend se réserver le droit de traduction, soit exprimée dans la première livraison. Toutefois, en ce qui concerne le terme de cinq ans assigné par cet article pour l'exercice du droit privilégié de traduction, chaque livraison sera considérée comme un ouvrage séparé ; chacune d'elles sera enregistrée et déposée dans l'un des deux pays dans les trois mois, à partir de sa première publication dans l'autre.

Art. 4. Les stipulations des articles précédents s'appliqueront également à la représentation des ouvrages dramatiques et à l'exécution des compositions musicales, en tant que les lois de chacun des deux pays sont ou seront applicables, sous ce rapport, aux ouvrages dramatiques et de musique représentés ou exécutés publiquement dans ces pays pour la première fois.

Toutefois, pour avoir droit à la protection légale en ce qui concerne la traduction d'un ouvrage dramatique, l'auteur devra faire paraître sa traduction trois mois après l'enregistrement et le dépôt de l'ouvrage original.

Il est bien entendu que la protection stipulée par le présent article n'a point pour objet de prohiber les imitations faites de bonne foi ou les appropriations des ouvrages dramatiques aux scènes respectives de France et d'Angleterre, mais seulement d'empêcher les traductions en contrefaçon.

La question d'imitation ou de contrefaçon sera déterminée, dans tous les cas, par les tribunaux des pays respectifs, d'après la législation en vigueur dans chacun des deux Etats.

2° Convention de la Grande-Bretagne avec la Belgique, conclue le 12 août 1854.

Art. 2. La protection accordée aux ouvrages originaux est étendue aux traductions. Il est bien entendu toutefois que l'objet du présent article est simplement de protéger le traducteur par rapport à sa propre traduction, et non pas de conférer le droit exclusif de traduction au premier traducteur d'un ouvrage quelconque, hormis dans le cas et les limites prévus par l'article suivant.

Art. 3. L'auteur de tout ouvrage publié dans l'un des deux pays, qui aura entendu réserver son droit de traduction, jouira pendant cinq années, à partir du jour de la première publication de la traduction de son ouvrage autorisée par lui, du privilége de protection contre la publication dans l'autre pays de toute traduction du même ouvrage non autorisée par lui, et ce, sous les conditions suivantes :

1° L'ouvrage original sera enregistré et déposé dans l'un des deux pays dans un délai de trois mois, à partir du jour de la première publication dans l'autre pays;

2° Il faudra que l'auteur ait indiqué en tête de son ouvrage l'intention de se réserver le droit de traduction ;

3° Ladite traduction autorisée devra avoir paru, au moins en partie, dans le délai d'un an, à compter de la date de l'enregistrement et du dépôt de l'original, et en totalité dans le délai de trois ans, à partir dudit dépôt;

4° La traduction devra être publiée dans l'un des deux pays et être enregistrée et déposée conformément aux dispositions de l'article 8.

Pour les ouvrages publiés par livraisons, il suffira que la déclaration de l'auteur, portant qu'il entend se réserver le droit de traduction, soit exprimée dans la première livraison. Toutefois, en ce qui concerne le terme de cinq ans assigné par cet article pour l'exercice du droit privilégié de traduction, chaque livraison sera considérée comme un ouvrage séparé, et chacune d'elles sera enregistrée et déposée dans l'un des deux pays dans les trois mois à partir de sa première publication dans l'autre.

Art. 4. Les stipulations des articles précédents s'appliqueront également à la représentation des ouvrages dramatiques et à l'exécution des compositions musicales, en tant que les lois de chacun des deux pays sont ou seront applicables, sous ce rapport, aux ouvrages dramatiques et de musique représentés ou exécutés publiquement dans ces pays pour la première fois.

Toutefois, pour avoir droit à la protection légale en ce qui concerne la traduction d'un ouvrage dramatique, l'auteur devra faire paraître sa traduction trois mois après l'enregistrement et le dépôt de l'ouvrage original.

Il est bien entendu que la protection stipulée par le présent article n'a point pour objet de prohiber les imitations faites de bonne foi, ou les appropriations des ouvrages dramatiques aux scènes respectives d'Angleterre et de Belgique, mais seulement d'empêcher les traductions en contrefaçon.

La question d'imitation ou de contrefaçon sera déterminée dans tous les cas par les tribunaux des pays respectifs, d'après la législation en vigueur dans chacun des deux Etats.

3° Convention de la Grande-Bretagne avec la Prusse, la Saxe royale et les Etats allemands, conclue le 14 juin 1855.

Art. 2. La protection accordée aux publications originales en vertu de la convention conclue le 13 mai 1846 entre les hautes parties contractantes, est étendue aux traductions, sous la réserve expresse que le présent article entend protéger seulement le traducteur au sujet de sa propre traduction, et qu'il n'entend pas conférer à la première traduction parue un droit exclusif, excepté dans le cas prévu et dans les termes exprimés dans l'article suivant.

Art. 3. L'auteur de tout ouvrage publié dans l'un des deux pays, qui se réserve le droit de traduction, jouira pendant cinq années, à dater de la première publication de la traduction autorisée par lui, du droit de protection légale contre la publication, dans l'autre pays, de toute traduction non autorisée par lui, et ce, dans les cas suivants :

1° Si l'ouvrage original a été enregistré et déposé dans l'un des pays dans un délai de trois mois, à dater de la publication dans l'autre pays;

2° Si l'auteur a indiqué sur le titre de son ouvrage qu'il se réserve le droit de traduction ;

3° Si une partie au moins de la traduction autorisée a été publiée dans le délai d'un an à dater de l'enregistrement et du dépôt de l'original, et la totalité dans le délai de trois ans à dater dudit dépôt;

4° Si la publication de la traduction a lieu dans l'un des deux pays et si elle a été enregistrée et déposée, conformément à l'article 2 de la convention du 13 mai 1846.

Pour les ouvrages publiés par livraisons, il suffira que la déclaration de l'auteur portant qu'il se réserve le droit de traduction soit indiquée sur la première livraison. Toutefois, en ce qui concerne la durée de cinq années accordée par cet article pour l'exercice du droit exclusif de traduction, chaque livraison sera considérée comme un ouvrage séparé, et chacune d'elles sera enregistrée et déposée dans l'un des

Etats, dans les trois mois à partir de sa première publication dans l'autre Etat.

Art. 4. Les stipulations des articles précédents seront également applicables à la représentation des ouvrages dramatiques et des compositions musicales, autant que les lois de chacun des deux Etats sont ou seront applicables aux ouvrages dramatiques de musique représentés publiquement pour la première fois dans ces pays.

Toutefois, pour que l'auteur puisse jouir de la protection légale, en ce qui concerne la traduction d'un ouvrage dramatique, il faut que cette traduction paraisse trois mois après l'enregistrement et le dépôt de l'ouvrage original.

Il est expliqué que la protection stipulée par le présent article n'a pas pour objet de prohiber les imitations faites de bonne foi, ou les appropriations des ouvrages dramatiques aux scènes prussienne ou anglaise, mais seulement d'empêcher les traductions en contrefaçon.

HAMBOURG. — *Convention avec la France, conclue le 2 mai 1856 et approuvée le 8 juillet 1856.*

Art. 4. L'auteur de tout ouvrage publié dans l'un des deux pays, qui aura entendu réserver son droit de traduction, jouira pendant cinq années, à partir du jour de la première publication de la traduction de son ouvrage autorisée par lui, du privilége de protection contre la publication, dans l'autre pays, de toute traduction du même ouvrage non autorisée par lui, et ce, sous les conditions suivantes :

1° Il faudra que l'auteur ait indiqué en tête de son ouvrage l'intention de se réserver le droit de traduction ;

2° Ladite traduction autorisée devra avoir lieu, au moins en partie, dans le délai d'un an ;

3° Pour les ouvrages publiés par livraison, il suffira que la déclaration de l'auteur, qu'il entend se réserver le droit de traduction, soit exprimée dans la première livraison. Toutefois, en ce qui concerne le terme de cinq ans, assigné par cet article pour l'exercice du droit privilégié de traduction, chaque livraison sera considérée comme un ouvrage séparé.

PAYS-BAS. *Convention avec la France, conclue le 29 mars 1855 et approuvée le 10 août 1855.*

Art. 3. Sont expressément assimilées aux ouvrages originaux les traductions faites, dans l'un des deux Etats, d'ouvrages nationaux ou étrangers.

Ces traductions jouiront, à ce titre, de la protection stipulée par l'article 1er, en ce qui concerne leur reproduction en contrefaçon dans l'autre Etat. Il est bien entendu que le présent article n'a pas pour objet d'accorder au premier traducteur d'un ouvrage le droit exclusif de traduction, mais seulement de protéger le traducteur par rapport à sa propre traduction.

PORTUGAL. — *Convention avec la France, conclue le 12 avril 1851 et approuvée le 27 août 1851.*

Art. 3. La traduction, faite dans l'un des deux Etats, d'un ouvrage publié dans l'autre Etat, est assimilée à sa reproduction et comprise dans les dispositions de l'article 1er, pourvu que l'auteur ait fait connaître, par une déclaration placée en tête de l'ouvrage, qu'il entend le traduire lui-même ou le faire traduire, et que cette traduction ait effectivement paru dans le délai d'un an, à partir de la date du dépôt et de l'enregistrement du texte original. Il sera accordé aux auteurs, pour effectuer ce dépôt, un terme de rigueur qui ne pourra excéder trois mois après la publication de l'original.

A l'égard des ouvrages qui se publient par livraisons, il suffira que cette déclaration soit faite sur la première livraison. Toutefois le terme fixé pour l'exercice de ce droit ne commencera à courir qu'à dater de la publication de la dernière livraison, pourvu d'ailleurs qu'il ne s'écoule pas plus de trois ans entre la publication de la première livraison et celle de la dernière.

Quant aux ouvrages de plus d'un volume, dont les tomes se publieraient les uns après les autres, le délai dont il s'agit se calculera, pour chacun desdits volumes, de la même manière que s'il formait par lui-même une œuvre complète.

Relativement aux ouvrages publiés par livraisons, l'indication de la date du dépôt devra être apposée sur la dernière livraison, à partir de laquelle commencera le délai fixé pour l'exercice du droit de traduction.

Sont également comprises dans les dispositions de l'article 1er et assimilées aux productions originales, en ce qui concerne leur reproduction dans la même langue, les traductions, faites dans l'un des deux Etats, d'ouvrages publiés hors du territoire des deux Etats. Toutefois ne sont pas comprises dans lesdites dispositions les traductions faites dans une langue qui ne serait pas celle de l'un des deux Etats.

Sont exceptées néanmoins de cette dernière règle, les traductions qui seraient faites dans une des langues mortes ou scientifiques, lesquelles entreront dans la règle générale établie par le présent article *in principio*.

Art. 5. Les dispositions de l'article 1er sont applicables à la représentation des pièces de théâtre, sur lesquelles les auteurs ou leurs ayants cause percevront les droits d'auteur qui sont ou seront déterminés par la législation du pays où elles sont représentées.

Les dispositions de l'article 3 ne sont pas applicables aux pièces de théâtre, lesquelles pourront être librement traduites dans les deux Etats respectifs dès qu'elles auront paru dans l'un d'eux. Les auteurs de l'œuvre originale auront droit à percevoir un quart des honoraires alloués aux traducteurs dans le pays ou la traduction sera représentée, soit par la loi, soit par des conventions particulières.

Sa Majesté Très-Fidèle convient qu'à cet égard, s'il se rencontre quelque lacune dans la législation portugaise, on aura recours à la législation française, qui sera appliquée subsidiairement, en conformité avec les lois et les coutumes du royaume.

PRUSSE.—*Convention avec la Grande-Bretagne, conclue le 14 juin 1855.*

Voir *Grande-Bretagne.*

SARDAIGNE. — 1° *Convention de la Sardaigne avec la France, conclue le 28 août 1843 et approuvée le 12 octobre 1843.*

Art. 2. La traduction faite dans l'un des deux Etats d'un ouvrage publié dans l'autre Etat est assimilée à sa reproduction, et comprise dans les dispositions de l'article 1er, pourvu que l'auteur, sujet de l'un des deux souverains contractants, en faisant paraître un ouvrage, ait notifié au public qu'il entend le traduire lui-même, et que sa traduction ait été publiée dans le délai d'un an, à partir de la publication du texte original.

Art. 3. Sont également comprises dans les dispositions de l'article 1er et assimilées aux productions originales, en ce qui concerne leur reproduction dans la même langue, les traductions faites dans l'un des deux Etats d'ouvrages publiés hors du territoire des deux Etats.

Toutefois ne sont pas comprises dans lesdites dispositions les traductions faites dans une langue qui ne serait pas celle de l'un des deux Etats.

Art. 4. Les dispositions des articles 1 et 2 sont applicables à la représentation des pièces de théâtre, sur lesquelles les auteurs ou leurs ayants cause percevront les droits déterminés par la législation du pays où elles seront représentées.

2° *Convention de la Sardaigne avec la France, conclue le 22 avril 1846 et approuvée le 13 mai 1846.*

Art. 2. Afin de pouvoir constater d'une manière précise, dans les deux Etats, le jour de la publication d'un ouvrage, on se réglera sur la date du dépôt qui en aura été opéré dans l'établissement public désigné à cet effet. Si l'auteur entend réserver son droit de traduction, il en fera la déclaration en tête de son ouvrage et mentionnera, à la suite de cette déclaration, la date du dépôt.

A l'égard des ouvrages qui se publient par livraisons, il suffira que cette déclaration de l'auteur soit faite dans la première livraison. Toutefois le terme fixé pour l'exercice de ce droit ne commencera à courir qu'à dater de la publication de la dernière livraison, pourvu d'ailleurs qu'entre les deux publications, il ne s'écoule pas plus de trois ans.

Relativement auxdits ouvrages publiés par livraisons, l'indication de la date du dépôt devra être apposée sur la dernière livraison, à partir de laquelle commence le délai fixé pour l'exercice du droit de traduction.

ROYAUME DE SAXE. — *Convention avec la France, conclue le 19 mai 1856 et approuvée le 13 juin 1856.*

Art. 4. L'auteur de tout ouvrage publié dans l'un des deux pays, qui aura entendu réserver son droit de traduction, jouira pendant cinq années, à partir du jour de la première publication de la traduction de son ouvrage autorisée par lui, du privilége de protection contre la publication, dans l'autre pays, de toute traduction du même ouvrage non autorisée par lui, et ce, sous les conditions suivantes :

1° L'ouvrage original devra être enregistré dans l'un des deux pays dans un délai de trois mois, à partir du jour de sa publication dans l'autre pays ;

2° Il faudra que l'auteur ait indiqué en tête de son ouvrage son intention de se réserver le droit de traduction ;

3° Ladite traduction devra avoir paru, au moins en partie, dans le délai d'un an, à compter de la date de l'enregistrement de l'œuvre originale, et en totalité, dans un délai de trois ans à partir de la même date ;

4° La traduction devra être publiée dans l'un des deux pays, et enregistrée conformément aux prescriptions du présent traité. (Art. 2).

Pour les ouvrages publiés par livraisons, il suffira que la déclaration de l'auteur, qu'il entend se réserver le droit de traduction, soit exprimée sur la première livraison. Toutefois, en ce qui concerne le terme de cinq années assigné par le présent article pour l'exercice du droit privilégié de traduction, chaque livraison sera considérée comme un ouvrage séparé ; chacune d'elles sera enregistrée dans l'un des deux pays dans les trois mois à partir de la première publication dans l'autre pays.

Art. 5. Sont expressément assimilées aux ouvrages originaux les traductions, faites dans l'un des deux Etats, d'ouvrages nationaux ou étrangers. Ces traductions jouiront, à ce titre, de la protection stipulée par l'article 1er, en ce qui concerne leur reproduction non autorisée dans l'autre Etat. Il est bien entendu toutefois que l'objet du présent article est simplement de protéger le traducteur, par rapport à la version qu'il a donnée de l'ouvrage original, et non pas de conférer le droit exclusif de traduction au premier traducteur d'un ouvrage quelconque, écrit en langue morte ou vivante.

Le royaume de Saxe a conclu également une convention avec la Grande-Bretagne dans des termes à peu près analogues. (Voir *Grande-Bretagne*.)

LÉGISLATIONS ÉTRANGÈRES.

Les législations de douze États de l'Europe contiennent des dispositions spéciales relatives soit aux traductions, soit au droit de traduction des œuvres originales du domaine privé. Voici les extraits de ces lois.

AUTRICHE.—*Loi du 19 octobre 1846.*

§ 5. N'est pas considérée comme contrefaçon et est par conséquent autorisée,

. . . .

C. La traduction d'un ouvrage littéraire, sans distinction de langue, sauf toutefois le cas où l'ayant droit se serait expressément réservé, sur la page du titre ou dans la préface, la faculté d'en donner une traduction, soit par indication générale, soit en spécifiant une langue. En conséquence, toute traduction qui paraîtra dans le délai d'une année, à partir de la publication de l'ouvrage original, sans le consentement de l'auteur ou de ses ayants droits, sera traitée comme contrefaçon interdite.

Si l'auteur a fait paraître l'ouvrage en plusieurs langues, chacune de ces éditions sera considérée comme édition originale.

Toute traduction légalement publiée jouit de la protection contre la contrefaçon. S'il paraît plusieurs traductions, celle publiée en dernier lieu est regardée comme contrefaçon lorsqu'elle ne diffère pas de la première ou qu'elle s'en distingue seulement par quelques variantes sans importance.

BELGIQUE. — 1° *Arrêté-loi du 23 septembre 1814.*

Art. 11. La traduction d'un ouvrage ne donne de droits à son auteur que sur l'édition qu'il publie ; dans ce cas, le droit de propriété ne peut s'exercer que sur les notes ou commentaires joints à la traduction.

Art. 12. Il est défendu, sous les peines portées en l'article 9, de publier la traduction d'un ouvrage sur lequel l'auteur ou ses héritiers exercent encore leur droit de propriété, à moins qu'ils n'en donnent leur consentement par écrit, ou que l'ouvrage traduit ne soit parvenu à la seconde édition.

2° *Loi du 25 janvier 1817.*

Art. 1er. Le droit de copie ou le droit de copier au moyen de l'impression est, pour ce qui concerne les ouvrages originaux, productions littéraires ou productions des arts, un droit exclusivement réservé à leurs auteurs et à leurs ayants cause, de rendre publics par la voie de l'impression, de vendre ou faire vendre ces ouvrages, en tout ou en partie, par abrégé ou sur une échelle réduite, sans distinction de format ou de mode de publication, en une ou plusieurs langues, ornés ou non ornés de gravures et autres accessions de l'art.

Art. 2. Le droit de copie, quant aux traductions d'ouvrages littéraires originairement publiés en pays étrangers, est un droit exclusif qu'ont les traducteurs et leurs ayants cause de publier par la voie de l'impression, vendre et faire vendre leurs traductions des ouvrages littéraires susmentionnés.

DUCHÉ DE BRUNSWICK. — *Loi du 10 février 1842.*

§ 2. Si un ouvrage est rédigé dans une langue morte, il est défendu d'en publier une traduction allemande sans le consentement des ayants droit. Si un ouvrage est publié simultanément dans plusieurs langues vivantes, il ne peut en être fait une nouvelle traduction dans une des langues de la première publication.

Si l'auteur a fait connaître sur le titre de la première édition qu'il a l'intention de publier une traduction de son ouvrage, en désignant dans quelle langue, cette traduction, si elle paraît dans un délai de deux années après la publication de l'original, sera considérée comme ayant paru en même temps que l'édition originale.

DANEMARK. — *Loi du 29 décembre 1857.*

§ 5. Le traducteur d'un ouvrage écrit en langue étrangère sera considéré comme auteur en ce qui concerne sa propre traduction.

ESPAGNE.—*Loi du 10 janvier 1847.*

Art. 4. L'auteur possède pendant sa vie, et transmet à ses héritiers pour une durée de vingt-cinq ans,

. . . .

2° La propriété des traductions en prose d'ouvrages écrits en langues vivantes ; toutefois on ne pourra empêcher la publication d'autres traductions des mêmes ouvrages.

Si le premier traducteur réclame contre une nouvelle traduction, en alléguant que ce n'est qu'une reproduction de la première avec de légères variantes, et non pas un nouveau travail fait sur l'original, le juge auquel la plainte aura été adressée admettra la réclamation, et en décidera après avoir entendu le rapport de deux experts nommés par les parties, et d'un troisième, dans le cas où les deux premiers ne seraient pas d'accord.

Sera considérée comme traduction, pour jouir du bénéfice de la présente loi, l'édition donnée en espagnol, par un auteur étranger, d'un ouvrage original publié dans le pays et dans la langue de cet auteur.

GRANDE-BRETAGNE.—1° *Acte des septième et huitième années du règne de Victoria, chapitre* XII, *passé le 10 mai* 1844.

XVIII. Et il est arrêté qu'aucune clause du présent acte ne pourra être interprétée de manière à empêcher l'impression, la publication ou la vente de la traduction d'un livre qui donnerait à un auteur ou à ses ayants cause le droit de jouir du bénéfice du présent acte.

2° *Acte des quinzième et seizième années du règne de Victoria, chapitre* XII, *passé le 28 mai* 1852.

I. La dix-huitième section dudit acte de la septième année du règne de Sa Majesté actuelle, chapitre douze, sera révoquée, en tant qu'elle diffère des stipulations ci-après énoncées.

II. Sa Majesté peut, d'après une ordonnance du conseil, ordonner que les auteurs de livres qui seront, à une époque future, que ladite ordonnance indiquera, publiés en pays étrangers, que l'ordonnance mentionnera aussi, leurs exécuteurs testamentaires, mandataires et ayants cause, auront, en se soumettant aux dispositions ci-après énoncées ou citées, le pouvoir d'empêcher dans les Etats britanniques la publication de traductions de tels livres qu'ils n'auraient point autorisées, pendant un laps de temps que l'ordonnance aura indiqué, qui ne s'étendra pas au delà de l'expiration de cinq années à partir de l'époque à laquelle les traductions autorisées de ces livres ci-après mentionnés auraient été respectivement publiées pour la première fois; et dans le cas où les livres seraient publiés par livraisons, la prohibition ne s'étendra pas, pour chaque livraison, au delà de l'expiration de cinq années, à partir de l'époque à laquelle la traduction autorisée de chaque livraison est publiée pour la première fois.

HAMBOURG. — *Ordonnance du 25 novembre* 1847.

§ 7. Les traductions d'ouvrages étrangers en allemand, les traductions d'ouvrages allemands en langues étrangères, les ouvrages en langue étrangère retouchés, jouissent des mêmes droits que les productions originales, lorsqu'ils sont publiés dans les Etats de la Confédération germanique.

DUCHÉ DE HESSE-DARMSTADT. — *Loi du 23 septembre* 1830.

§ 4. Chacun peut publier des traductions. Toutefois, pour les ouvrages écrits en langue savante (latin, grec, hébreu, etc.), la publication d'une traduction en langue allemande ne peut avoir lieu qu'après qu'un avis préalable a été donné à l'auteur et à l'éditeur, et que ni l'un ni l'autre n'exprime l'intention de publier lui-même cette traduction ou ne la publie dans un délai de deux ans.

Pour les ouvrages ci-dessus spécifiés dont la traduction n'est pas permise et qui se composent de plus de trois volumes, il est accordé à l'auteur et à l'éditeur, pour chacun des volumes, à partir du quatrième inclusivement, un délai d'un an par volume pour faire publier cette traduction.

Toute traduction légalement publiée ne peut être contrefaite; mais celui qui publie et annonce la traduction d'un ouvrage n'a pas le droit de s'opposer à la publication d'une traduction du même ouvrage.

PAYS-BAS. — *Loi du 25 janvier* 1817.

Art. 1er. Le droit de copie ou le droit de copier au moyen de l'impression est, pour ce qui concerne les ouvrages originaux, productions littéraires ou productions des arts, un droit exclusivement réservé à leurs auteurs et à leurs ayants cause, de rendre publics par la voie de l'impression, de vendre ou faire vendre ces ouvrages en tout ou en partie, par abrégé ou sur une échelle réduite, sans distinction de format ou de mode de publication, en une ou plusieurs langues, ornés ou non ornés de gravures et autres accessions de l'art.

Art. 2. Le droit de copie, quant aux traductions d'ouvrages littéraires originairement publiés en pays étrangers, est un droit exclusif qu'ont les traducteurs et leurs ayants cause de publier par la voie de l'impression, vendre et faire vendre leurs traductions des ouvrages littéraires susmentionnés.

PRUSSE. — *Loi du 11 juin* 1837.

Art. 4. N'est point considérée comme une contrefaçon :

. . . .

3° La publication de traductions d'ouvrages déjà imprimés.

Doivent cependant être considérées comme des contrefaçons, les traductions dans les cas suivants :

A. Si l'on publie, sans le consentement de l'auteur, une traduction en langue allemande d'un ouvrage que l'auteur a écrit et publié en une langue morte;

B. Si l'auteur d'un ouvrage l'a fait paraître en même temps en plusieurs langues, et qu'on en publie, sans son consentement, une nouvelle traduction dans une des langues dans lesquelles l'ouvrage a paru originairement. Si l'auteur a indiqué, à la page du titre, son intention de publier une traduction de son livre dans une langue désignée, cette traduction jouira de la même protection que l'original, pourvu qu'elle soit publiée dans l'espace de deux ans au plus, après la publication de l'original.

Russie. — *Code préventif*, *Tome VI, Section I*

Art. 271. La traduction d'un ouvrage qui a déjà été traduit n'est considérée comme une contrefaçon que lorsqu'on y a copié, mot à mot et de suite, deux tiers d'une traduction encore protégée par la loi.

Art. 274. On peut publier des traductions dans une langue quelconque d'un ouvrage ré-imprimé en Russie, mais à la condition de n'y pas joindre le texte original.

Art. 275. Quant aux auteurs d'ouvrages scientifiques, pour lesquels il a fallu des études et des recherches longues et dispendieuses, ils peuvent se réserver le droit exclusif de traduire ou de faire traduire et de publier, en Russie, dans d'autres langues; mais dans ce cas ils sont tenus d'exprimer formellement cette réserve lors de la publication de l'œuvre originale, et de faire paraître leurs traductions dans le délai de deux ans, à courir du jour où la censure aura autorisé la vente.

Royaume de Saxe. — *Loi du 27 juillet* 1846.

§ 14. La traduction d'une œuvre dramatique devant être considérée comme une œuvre originale, d'après la loi du 22 février 1844, l'auteur de la traduction jouit de la protection garantie par la présente loi contre toute représentation illicite de son œuvre, même en concurrence de l'œuvre originale; mais il n'a pas droit d'empêcher la représentation d'autres traductions, ni de l'œuvre originale.

III.

OPINIONS DES PUBLICISTES

QUI ONT ÉCRIT SUR CETTE QUESTION.

Les publicistes, qui ont écrit sur la propriété littéraire, ont exprimé des opinions fort diverses sur le droit de traduction. Nous reproduisons celles émises pour ou contre sur la question, en faisant observer que la jurisprudence ne s'est établie sur le droit de traduction que dans ces dernières années, et que le premier arrêt rendu dans un sens favorable à la propriété date seulement de 1845. Il faut donc admettre avec une certaine réserve les opinions formulées dans les ouvrages publiés avant cette époque et en l'absence de toute jurisprudence. L'opinion la plus sérieuse exprimée en ces dernières années, est celle émise par MM. Dalloz dans leur *Recueil de jurisprudence* publié en 1856. Ces jurisconsultes, après s'être d'abord prononcés contre le droit exclusif de traduction, en présence du silence de la loi, finissent par reconnaître que, si le travail du traducteur est une œuvre de l'intelligence, l'auteur de l'œuvre originale garde néanmoins la plus grande part dans la composition du livre, et dès lors il leur semble qu'il faudrait décider que toute personne pourrait traduire un ouvrage, à la charge d'une redevance à payer à l'auteur. Ce qui équivaut à la reconnaissance du droit exclusif de traduction en faveur de l'auteur.

J. M. Pardessus. *Cours de droit commercial*, 4ᵉ édition; 5 vol. in-8°, 1831, tome Iᵉʳ, 2ᵉ partie, titre I, chapitre I, section II.

164. La contrefaçon ne consiste pas exclusivement et restrictivement dans le fait d'avoir imprimé ou gravé l'ouvrage d'une manière littérale et parfaitement semblable à l'original. Ainsi c'est avoir contrefait un ouvrage littéraire que de le publier, sans l'aveu de l'auteur, sous une date, un format, des indications de libraire ou d'imprimeur différents de l'édition originale, quand même on y ferait des notes, des corrections et autres additions, fût-ce sous le nom de commentaire. Ce serait également contrefaire un ouvrage publié en France que de l'y traduire en latin ou en une langue étrangère.

Adrien Gastambide. *Traité théorique et pratique des contrefaçons en tous genres*; 1 vol. in-8°, 1837.

58. Publier ou introduire en France une traduction quelconque d'un ouvrage publié en France, est-ce commettre le délit de contrefaçon? Nous ne le pensons pas. A la vérité le traducteur reproduit l'original page par page, pensée par pensée, mot par mot, à la langue près : il y a donc matériellement reproduction d'une œuvre de l'esprit; mais il n'y a pas de préjudice. En effet, s'il s'agit d'un ouvrage français traduit en langue étrangère, ce n'est pas en France que cette traduction sera ordinairement publiée; elle y sera tout au plus introduite, et elle n'y empêchera en aucune façon le débit de l'ouvrage original; il serait d'ailleurs bien rigoureux et bien impolitique de proscrire l'introduction de ces traductions. Si c'est un ouvrage étranger publié originairement en France dont on donne la traduction en français, cette traduction pourra nuire à la vente de l'original, surtout si c'est un livre de science;

mais l'auteur d'un ouvrage étranger a un moyen bien simple de prévenir ce préjudice, c'est de faire paraître au même instant en France le livre original et sa traduction, ce qui est assez naturel lorsqu'un étranger fait élection du territoire français pour sa publication. Qu'on remarque d'ailleurs qu'il y aurait de graves inconvénients à ce que d'excellents livres étrangers, publiés en France à dessein, ne puissent être traduits en français, et à ce qu'ils profitassent de la protection de nos lois pour nous priver des lumières qu'ils iraient répandre à l'étranger. Enfin, s'il s'agit d'un livre français qu'on traduit dans une langue ancienne pour les usages classiques, l'ouvrage français n'en peut éprouver de dommage, car la traduction n'est pas destinée alors à le suppléer en aucune façon, mais au contraire à servir de terme de comparaison.

Augustin-Charles Renouard. *Traité des droits d'auteur dans la littérature, les sciences et les beaux-arts*; 2 vol. in-8°, 1839, tome II.

16. Le propriétaire du privilége a-t-il seul le droit de publier une traduction de son ouvrage, ou d'autoriser une telle publication; en d'autres termes, est-ce contrefaire un ouvrage du domaine privé que de le traduire?

Cette question n'est pas de celles qui, par leur nature, doivent être abandonnées à l'appréciation des juges. Elle est par elle-même assez précise et assez générale tout à la fois pour ne pas varier avec les circonstances particulières à chaque espèce. Le silence de nos lois sur ce point est une lacune véritable.

Dans le silence de nos lois, comment la question doit-elle être jugée?

M. Pardessus pense que ce serait contrefaire un ouvrage publié en France que de l'y traduire en latin ou en une langue étrangère.

Je ne partage pas cette opinion. La question, dans l'usage, paraît décidée en faveur de la liberté de traduire. Je n'ai trouvé, dans les recueils de jurisprudence ni jugement ni arrêt rendu sur plainte formée en justice par un auteur français, parce que l'on aurait publié en France, sans son consentement, une traduction anglaise, allemande, italienne, espagnole, de son ouvrage; les exemples de pareilles publications ne sont cependant pas rares. On n'aperçoit pas facilement quel tort la traduction étrangère pourrait causer à l'exploitation de l'original. La différence de forme extérieure du langage empêche qu'il s'établisse ni confusion ni rivalité. Les lecteurs ne seront probablement pas les mêmes. Quiconque sera capable de comprendre l'original ne manquera pas de le préférer à une traduction, toujours plus ou moins imparfaite. La gloire de l'auteur et la propagation de ses idées, la popularité de ses productions et leurs chances de débit ont tout à gagner par l'existence des traductions, et n'ont rien à y perdre.

La question offrirait plus de difficulté si elle portait sur le droit de traduire en langue française un ouvrage dont l'original en langue étrangère serait privilégié en France. Une espèce s'est présentée dans laquelle le propriétaire d'un ouvrage latin publié en France a intenté un procès au sujet de la publication d'un ouvrage qu'il a prétendu être en partie la traduction de celui dont lui-même avait le privilége. Ce procès, relatif au *Codex medicamentarius*, a été jugé par d'autres motifs, et parce que les emprunts faits au *Codex* ont été jugés trop peu considérables pour constituer une contrefaçon. La question du droit de traduire paraît n'avoir pas été soulevée; et le silence gardé à cet égard par le défendeur peut faire induire que, dans sa pensée, la différence des idiomes n'aurait pas suffi pour légitimer les emprunts dont il lui était fait grief. Quoi qu'il en soit, la question est trop grave pour que l'on puisse, pour sa solution, tirer argument de la prétérition d'un moyen de défense dans un procès particulier. Il est d'ailleurs à remarquer que, depuis ce procès, plusieurs traductions du *Codex* ont été publiées et n'ont pas été poursuivies. J'ignore si elles ont été autorisées par le propriétaire du privilége.

Il faut convenir que, dans des cas de ce genre, les considérations tirées de la concurrence commerciale faite à l'original ont de la force, car la traduction française s'adresserait, en France, à un public plus nombreux. S'il s'agit d'un ouvrage scientifique, tel que le *Codex*, recherché surtout pour sa partie technique, on dira que la différence d'idiome importe assez peu, puisque ce n'est pas aux formes de leur style que ces productions doivent leur caractère et leur valeur. S'il s'agit d'un ouvrage littéraire, si, par exemple, un étranger a voulu choisir la France pour patrie d'origine de sa première publication, on dira que l'industrie nationale est elle-même intéressée à ce que ces pacifiques conquêtes soient encouragées par l'attrait de priviléges utiles et de droits étendus.

Je reconnais que ces motifs sont graves; toutefois ils ne me paraissent pas déterminants, surtout en l'absence de toute prohibition législative. La transmutation de forme que le travail du traducteur fait subir à l'original en modifie notablement le caractère, même commercial, et elle en transporte l'usage à une autre classe de lecteurs. Si un ouvrage de littérature étrangère publié en France pour la première fois ne pouvait pas y être traduit; si même, traduit une fois, tant bien que mal, il ne pouvait pas l'être de nouveau, un obstacle serait apporté aux progrès littéraires et à la circulation des idées. S'il est glorieux et utile d'encourager la publication en France d'ouvrages étrangers, il importe plus encore de laisser toujours ouverte à la civilisation française une communication directe et facile, dans sa langue, avec toutes les idées des autres peuples.

Dans l'état de notre législation, je pense qu'aucune distinction n'est possible entre les ouvrages français traduits en langue étrangère et les ouvrages en langues étrangères traduits en français. On doit décider en France, comme on le fait en Angleterre, qu'un ouvrage de domaine privé n'est privilégié que dans l'idiome de sa publication, et peut, par conséquent, être librement traduit en toute langue sans contrefaçon.

C'est au législateur à considérer si, à l'exemple de plusieurs législations étrangères, il aurait, dans une loi nouvelle, des tempéraments à prendre et des distinctions à faire. La question acquerrait de l'importance et mériterait une attention particulière si un droit international venait à être établi et assurait en France des droits privilégiés à des ouvrages publiés à l'étranger.

N. M. Le Senne. *Le Livre des nations*; 1 vol. in-8°, 1846.

31. Nos lois sont muettes sur le point de savoir si le droit de produire en France une traduction fait partie du privilége; plusieurs distinctions sont à faire.

Si l'ouvrage privilégié en France est écrit en langue française, je ne vois pas de contrefaçon dans la production en France d'une traduction en langue étrangère. Et en effet cette publication ne peut nuire aux intérêts pécuniaires du privilégié, car la supériorité incontestable de l'original sur la traduction, le danger des incorrections de celle-ci, et la différence de l'idiome, du style et des lecteurs sont des garanties certaines que cette traduction ne nuira pas à l'original. Qui ne voit d'ailleurs qu'en décidant autrement on exposerait ceux des habitants de la France qui n'en connaissent pas la langue à être privés de la jouissance intellectuelle de l'ouvrage privilégié; que ce serait aller directement à l'encontre de la règle de loi naturelle qui assure cette jouissance à chaque individu de l'espèce humaine, indépendamment de sa nationalité.

La solution est la même lorsque l'ouvrage privilégié en France est écrit en langue étrangère, et qu'une traduction dans une autre langue étrangère est produite en France; les raisons de décider sont les mêmes ou à peu près.

Je décide, à plus forte raison, qu'il n'y a pas contrefaçon, lorsque l'ouvrage privilégié en France est écrit en langue étrangère, et qu'une traduction en langue française est produite en France. En effet, aux considérations qui viennent d'être déduites de la loi naturelle se joint ici l'intérêt national de la France, qui n'a qu'à gagner à cette publication, sous le rapport de la civilisation et du progrès. Et, lors même qu'il serait démontré que cette publication, peut nuire à l'original, une raison mercantile ne pourrait prévaloir contre des considérations morales aussi puissantes.

Concluons de cette démonstration qu'un ouvrage du domaine privé n'est privilégié que dans l'idiome de sa publication originale en France, et conséquemment qu'il est permis de publier en France une traduction dans toute langue étrangère.

J. Bories et E. Bonassié. *Dictionnaire pratique de la presse*; 2 vol. in-8°, 1847, tome II, article *Propriété littéraire*.

50. La traduction en langue étrangère d'un ouvrage écrit en français peut être considérée comme une contrefaçon si elle peut nuire, soit par son utilité pratique, soit par son mérite littéraire, soit par le nombre de lecteurs qu'elle peut avoir en France, à la vente de l'œuvre originale.

D'Auvilliers. *Répertoire général du Journal du Palais*; in-4°, 1850, tome X, article *Propriété littéraire*.

235. Traduire un ouvrage publié en France, est-ce commettre le délit de contrefaçon? On dit, pour l'affirmative, que le législateur n'a point subordonné l'existence de ce délit à la reproduction dans le même idiome; qu'il n'a considéré comme le constituant que la reproduction de la pensée, de quelque manière qu'elle s'opère. Or la traduction d'un ouvrage n'en est-elle pas l'imitation la plus complète? D'un autre côté, cette traduction est susceptible de causer à l'auteur de l'œuvre originale un préjudice, en diminuant le nombre des acheteurs de cette œuvre. C'est en faveur de cette solution, admise d'une manière formelle par la loi belge du 25 janvier 1817, que se sont prononcés MM. Pardessus (*Cours de droit comm.*, n°s 164 et 167) et Ét. Blanc (p. 416).

236. La cour de Rouen a jugé aussi, par arrêt du 7 novembre 1845 (tom. 1er, 1846, p. 658 [Girardin c. Rosa]), que la traduction d'un ouvrage français en langue étrangère constituait le délit de contrefaçon.

237. Mais, dans le système contraire, on répond, d'une part : que le législateur n'a entendu protéger que les ouvrages écrits en langue française contre la reproduction dans le même idiome, et que l'interdiction de traduire ces ouvrages dans une autre langue n'est pas dans la loi et ne saurait se suppléer; de l'autre : que si une traduction est la reproduction de l'original, pensée par pensée, mot par

mot, elle ne peut cependant préjudicier aux droits de l'auteur, soit à cause de l'infériorité de cette traduction sur l'original, soit à cause de la différence de l'idiome, du style, soit enfin à cause de la différence des lecteurs auxquels elle s'adresse. Ce système nous paraît, quant à nous, le plus conforme tant à l'esprit de la législation sur la propriété littéraire qu'à la règle de loi naturelle qui assure à chaque individu, indépendamment de la nationalité, la jouissance intellectuelle de tous les ouvrages qui se publient et aux progrès littéraires et scientifiques. Ainsi nous pensons qu'il n'y a pas contrefaçon, soit dans la traduction d'un ouvrage français en langue étrangère, soit dans la traduction en langue française d'un ouvrage publié en France dans une langue étrangère; soit enfin dans la traduction d'un ouvrage publié en France en langue étrangère dans une autre langue étrangère. — Voir aussi, en ce sens, Renouard, tom. II, n° 16; Gastambide, n° 58; Goujet et Merger, n° 220; Le Senne, n° 31.

L. M. Devilleneuve et P. Gilbert. *Jurisprudence du dix-neuvième siècle* (Recueil Sirey); in-4°, 1851, tome Ier, article *Contrefaçon*.

17. La traduction d'un ouvrage étranger constitue une propriété littéraire, et par conséquent la réimpression de cette traduction, sans le consentement du traducteur, constitue le délit de contrefaçon. — C. rej., 23 juillet 1824 (Ladvocat), C. N. 7. 1. 503. — D. A. 11. 469.

18. Jugé cependant que la publication d'une traduction en langue étrangère d'un ouvrage français constitue le délit de contrefaçon. — Rouen, 7 novembre 1845 (Rosa), S. V. 46. 2. 521. — D. P. 46. 2. 212. — P. 46. 1. 658. — *Sic*, Pardessus, n° 164; Blanc, *Contrefaçon*, p. 416. — *Contra*, Renouard, *Droits d'auteurs*, t. II, n° 16.

Goujet et Merger. *Dictionnaire de droit commercial*; 4 vol. in-8°, 1852, tome IV, article *Propriété littéraire*.

220. Traduire un ouvrage du domaine privé, est-ce le contrefaire?

Pour l'affirmative on dit : le traducteur reproduit l'original page par page, pensée par pensée; sauf l'idiome, l'imitation ne saurait être plus complète. Il y a donc, dans le sens de la loi, reproduction d'une œuvre de l'esprit. Il y a en même temps préjudice, car la traduction peut enlever au débit de l'œuvre originale un grand nombre d'acheteurs. Aussi la loi belge du 25 janvier 1817 interdit-elle la traduction d'un ouvrage privilégié sans le consentement de l'auteur. Rouen, 7 nov. 1845; journal *le Droit*, 9 nov.; Pardessus, *Cours du droit comm.*, n°s 164 et 167; Et. Blanc, 416.

Pour la négative on répond : la loi ne s'est occupée que des écrits en langue française; elle n'interdit nullement la faculté de traduire, et une telle interdiction ne se supplée pas par analogie. Le changement de forme opéré par la traduction modifie notablement l'œuvre originale; l'usage en est transporté à une autre classe de lecteurs. Il importe aux progrès littéraires et scientifiques que les traductions facilitent parmi nous la circulation des idées.

Qu'un ouvrage français soit traduit en langue étrangère, cette traduction ne fera certes pas obstacle au débit de l'œuvre originale. S'agit-il, au contraire, d'un ouvrage publié pour la première fois en France dans un idiome étranger, l'auteur, s'il craint un préjudice, peut faire paraître en même temps l'original et sa traduction. Serait-il juste que cette publication profitât de la protection de nos lois pour nous priver des lumières qu'ils iraient répandre à l'étranger? Aussi les traductions sont-elles permises par la loi russe, la loi prussienne et la jurisprudence anglaise. Renouard, II, n° 16; Gastambide, n° 58.

Adolphe Lacan et Charles Paulmier. *Traité de la législation et de la jurisprudence des théâtres*; 2 vol. in-8°, 1853, tome II.

703. La traduction d'une pièce de théâtre dans une langue étrangère, la transformation d'un drame en opéra, ne font pas disparaître la contrefaçon. Cette proposition a été sanctionnée par diverses décisions judiciaires que nous nous contenterons de rappeler, car elles résument tous les développements que la question comporte et auxquels nous ne pouvons qu'adhérer.

Etienne Blanc. *Traité de la contrefaçon en tous genres*, 4e édit.; 1 vol. in-8°, 1855, page 176.

On s'est demandé si l'auteur d'un ouvrage français pouvait s'opposer à ce qu'on vendît en France la traduction qui en serait faite en langue étrangère. Cela ne peut faire doute. La loi ne protège pas l'idiome dont l'auteur s'est servi, mais sa création, sa composition, son œuvre enfin. Le droit de reproduction est garanti d'une manière absolue, sans distinction du mode employé pour reproduire. Il y a reproduction, cela suffit, s'il y a d'ailleurs préjudice causé : or le préjudice n'est pas contestable. En effet il est évident que la traduction enlèvera au débit de l'œuvre originale un grand nombre d'acheteurs.

Nous devons en dire autant, et à plus forte raison, d'un ouvrage qui, publié en France en langue étrangère, y serait traduit en français. Le préjudice, dans ce cas, s'aggraverait d'autant plus que la traduction s'adresserait à la masse des lecteurs, et le débit de l'œuvre originale se trouverait réduit alors à un très-petit nombre d'acheteurs.

Une question plus grave s'est présentée, c'est celle de savoir s'il y a contrefaçon à traduire en vers et publier l'œuvre que l'auteur original a écrite en prose. Sauf la différence du mérite, nous n'hésitons pas à assimiler cette reproduction à celle qui résulte d'une traduction en langue étrangère. Ce sont les mêmes règles à appliquer; en principe la traduction en vers est donc une contrefaçon. Cette question, que nous sachions, ne s'est présentée dans la pratique que pour les œuvres dramatiques; mais nous estimons que la solution doit être la même dans tous les cas, car les raisons de décider sont les mêmes.

FERDINAND GRIMONT. *Manuel-Annuaire de l'imprimerie, de la librairie et de la presse*; 1 vol. in-12, 1855, page 49.

La législation française ne contient aucune disposition spéciale en ce qui concerne les traductions d'œuvres originales faisant l'objet d'une propriété privée.

Le silence des législateurs sur ce point doit-il être considéré comme une atteinte portée au droit absolu de l'auteur sur son œuvre? La jurisprudence la plus récente semble résoudre la question dans le sens de l'affirmative (cour d'appel de Rouen, 7 novembre 1845; — Paris, 17 juillet 1847 et 26 janvier 1852; — cour de cassation, 12 janvier 1853). D'un autre côté, un arrêt de la cour de cassation du 25 juillet 1824 déclare qu'une traduction est la propriété privée du traducteur et que nul ne peut la copier. En concédant ainsi au traducteur un droit propre, la cour de cassation semble avoir implicitement reconnu qu'il n'avait pas usurpé le droit de l'auteur.

M. Renouard, dans son *Traité des droits d'auteur* (tom. II, p. 40), soutient cette dernière opinion. Il s'exprime ainsi : « Dans l'état de notre législation, je pense qu'aucune distinction n'est possible entre les ouvrages français traduits en langue étrangère et les ouvrages en langue étrangère traduits en français. On doit décider en France, comme on le fait en Angleterre, qu'un ouvrage du domaine privé n'est privilégié que dans l'idiome de sa publication, et peut, par conséquent, être librement traduit en toute langue sans contrefaçon.» A l'appui de l'opinion de M. Renouard, on peut rappeler que, dans la plupart de nos conventions littéraires, il a été expressément reconnu que notre législation n'avait rien statué à l'égard des traductions, et qu'en conséquence il était nécessaire que le pouvoir législatif intervînt pour assurer l'exécution des dispositions conventionnelles concernant cet objet. Voilà donc des cas exceptionnels limités aux relations internationales, et qui ne permettent pas d'envisager d'une manière générale et absolue les traductions comme des contrefaçons.

Quoi qu'il en soit, de pareilles lacunes, et nous pourrions en signaler d'autres, ne peuvent que faire désirer une prompte révision de nos lois en matière de propriété littéraire.

AMBROISE RENDU et CHARLES DELORME. *Traité pratique du droit industriel*; 1 vol. in-8°, 1855.

737. *Des traductions.* — Une traduction publiée soit en regard du texte, soit isolément, est la propriété de celui qui a interprété l'œuvre étrangère, sauf aux tribunaux à faire la part des ressemblances qui doivent naturellement exister entre deux traductions du même livre, sans qu'elles soient la reproduction l'une de l'autre.

Cette solution, bien entendu, n'est donnée que pour les cas où le traducteur a le droit de reproduire en une autre langue l'œuvre originale, droit qui n'existe d'une manière absolue qu'à l'égard des ouvrages tombés dans le domaine public.

814. *Contrefaçon résultant de l'abrégé ou de la traduction d'un ouvrage.* — L'abrégé d'un ouvrage par un tiers en constitue la contrefaçon, parce que cette reproduction de la pensée de l'auteur dans des proportions plus restreintes, outre qu'elle a tous les caractères d'une usurpation, peut créer à l'ouvrage original une concurrence des plus redoutables. Il en est de même de la traduction en une autre langue, et nous comprenons difficilement les doutes qui se sont élevés à cet égard. En droit, il est certain que toutes les formes dont une œuvre est susceptible appartiennent à son auteur. S'emparer de l'une d'elles est lui causer préjudice en restreignant la jouissance de sa propriété, souvent même en lui enlevant immédiatement des acheteurs; ce qui serait frappant dans le cas, devenu rare par malheur, mais très-fréquent aux siècles passés, où un savant, voulant rendre son ouvrage d'un usage universel, l'aurait publié en latin. Le principe général, qui dans le silence de la loi garde toute sa puissance, doit donc être maintenu en faveur de l'auteur, et ne recevoir exception que s'il était justifié en fait, chose difficile, que la traduction ne cause aucun préjudice. Pour prévenir toute contestation, les auteurs d'ouvrages de quelque importance sont dans l'usage de se réserver expressément le droit de traduction; mais on conçoit que la valeur de cette réserve est subordonnée à l'existence du droit lui-même.

869. *De la traduction des pièces de théâtre.* — Si la traduction d'un ouvrage imprimé constitue une contrefaçon, à bien plus forte raison faut-il le décider ainsi à l'égard de la traduction d'une pièce de théâtre en une autre langue; car en matière d'œuvres dramatiques, « le plan de l'ouvrage, l'ordonnance du sujet, la conception et le développement des caractères, l'agencement des scènes, la conduite de la pièce, son

action et ses effets, ont une importance capitale, indépendamment du style, de la forme du langage et de la composition. » La jurisprudence est constante sur ce point.

Édouard Calmels. *De la propriété et de la contrefaçon des œuvres de l'intelligence* ; 1 vol. in-8°, 1856.

91. Parmi les œuvres qui ne sont pas originales ou complétement originales, nous plaçons encore la traduction en français d'un ouvrage écrit en langue étrangère, et réciproquement.

Quels sont les droits du traducteur ?

C'est là une question diversement résolue. Pour les uns une traduction est une œuvre à part, une création ; pour les autres, elle n'est que la reproduction d'un ouvrage existant.

M. de Lamartine, dans son inimitable langage, s'exprimait ainsi sur le caractère des traductions : « L'individualité d'une langue et d'un style est aussi incommunicable que toute autre individualité. La pensée tout au plus se transvase d'une langue à l'autre, mais sa couleur, mais son harmonie s'échappent. Et qui peut dire ce que la forme est à la pensée ; ce que la couleur est à l'image ? Mais si ce qu'on prétend traduire n'est pas même une pensée ; si ce n'est qu'une pensée fugitive, un rêve inachevé de l'imagination ou de l'âme du poëte, un son vague et inarticulé de sa lyre, une grâce nue et insaisissable de son esprit, que restera-t-il au traducteur ?... Quelques mots vides et lourds, pareils à une monnaie d'un métal terne et pesant, contre laquelle vous échangez la dragme d'or resplendissante de son empreinte et de son éclat. Et d'ailleurs, dans la poésie d'un autre âge, il y a toujours une partie déjà morte, un sens du temps, des mœurs, des lieux, des cultes, des opinions que nous n'entendons plus et qui ne peut plus nous toucher ! Otez à une poésie sa date, sa foi, son originalité enfin, qu'en restera-t-il ?... Ce qui reste d'une statue des dieux dont la divinité s'est retirée... un morceau de marbre plus ou moins bien taillé !... »

Kant, dans une dissertation citée par M. Renouard, disait : « La traduction de l'écrit dans notre langue n'est pas une contrefaçon ; car la traduction ne contient pas littéralement les paroles de l'auteur, bien que les idées paraissent être les mêmes. »

M. Ed. Laboulaye partage ce sentiment, parce que, dans une traduction, ce qui constitue le droit, ce n'est pas l'idée, mais la forme dans laquelle celle-ci s'incorpore.

M. Pardessus n'examine que le cas où il s'agit d'un ouvrage composé et publié en une langue étrangère, par un auteur qui aurait rempli en France les conditions requises pour s'assurer la propriété exclusive ; il décide que, dans ce cas, il n'est pas permis de le traduire en langue vulgaire sans sa permission. « De même, dit-il, qu'il n'est pas permis de copier et publier, en simple trait, des gravures, ou de graver des tableaux peints. »

Cette opinion est aussi celle de M. Etienne Blanc.

M. Renouard voit une production nouvelle dans la transmutation de forme que le travail du traducteur fait subir à l'original : transmutation qui en modifie notablement le caractère même commercial, et qui en transporte l'usage à une autre classe de lecteurs. Puis il termine l'examen de cette question en déclarant d'une manière absolue que le traducteur a sur son œuvre un droit distinct de celui de l'auteur.

Le même auteur ajoute que c'est au législateur à considérer si, à l'exemple de plusieurs législations étrangères, il y aurait dans une loi nouvelle des tempéraments à prendre et des distinctions à faire. La question, dit-il, acquerrait de l'importance et mériterait une attention particulière, si un droit international venait à être établi et assurait en France des droits privilégiés à des ouvrages publiés à l'étranger.

92. L'avis de Blakstone nous paraît préférable : « L'identité d'une composition littéraire, dit cet auteur, consiste entièrement dans le *sentiment* et le *langage*. Les mêmes conceptions, revêtues des mêmes expressions, sont nécessairement la même composition ; et quel que soit le moyen employé pour faire parvenir cette composition à l'oreille ou à l'œil d'autrui : récit, écriture ou impression ; quel que soit le nombre d'écriture ou le temps choisi, c'est toujours l'œuvre identique de l'auteur qui est ainsi représentée, et personne ne peut avoir le droit d'en agir ainsi, surtout à son profit, sans le consentement de l'auteur. »

Une traduction est, comme toute œuvre complétement originale, composée de deux éléments distincts : le fond, c'est-à-dire les pensées, les sentiments, les idées ; la forme, c'est-à-dire le plan, l'ordre, l'agencement (si l'on peut ainsi dire) dans lequel ces pensées sont manifestées, et l'expression, le mot même qui transmet la pensée à l'intelligence.

Que fait le traducteur ? Il prend en entier le fond, et dans la forme il reproduit le plan de l'ouvrage, la combinaison des phrases et souvent les mots eux-mêmes : seulement, au lieu de faire, comme le copiste, un travail purement machinal, il se rend compte de ce qu'il fait et puise dans une autre langue les mots dont il se sert. Il faut bien le dire, le traducteur fait quelque peu l'office d'un tailleur qui habille ses personnages suivant le lieu où ils veulent aller et le rôle qu'ils veulent jouer. Traduire, c'est, comme le dit M. de Lamartine, transvaser la pensée d'un langage dans un autre. Or cette opération constitue-t-elle par elle-même un travail intellectuel ? Peut-elle conférer sur la traduction un droit égal à celui qui est réservé à l'auteur de l'œuvre originale ? Évidemment non. Celui-ci ne doit pas avoir moins de droits que le peintre et le statuaire sur l'œuvre qu'ils ont créée ; et il est bien constant aujourd'hui que celui qui la reproduirait par un art différent, sans le consentement de l'artiste, se rendrait coupable de contrefaçon.

L'inventeur a-t-il moins de droit sur l'exploitation de son invention parce qu'il traduira en langue étrangère la description de son brevet pour prendre à l'étranger une patente ? Celui qui aura fait cette traduction pourra-t-il réclamer un droit sur l'invention elle-même ? Ce serait ridicule que de le soutenir. Enfin ce serait injuste de priver l'auteur d'une création originale du droit de publier chez les autres nations la traduction de ses pensées. Une telle restriction apportée à l'exercice de ce droit est contraire aujourd'hui à l'extension que les traités internationaux lui ont accordée.

D. Dalloz aîné et Armand Dalloz, son frère. *Répertoire de législation, de doctrine et de jurisprudence* ; in-4°, 1856, tome XXXVI, article *Propriété littéraire*.

352. C'est une question très-controversée que celle de savoir si *traduire* un ouvrage c'est le contrefaire. On a dû poser l'affirmative « que la traduction d'un livre en une autre langue reproduit nécessairement l'ouvrage original, puisque le traducteur en prend le titre, le sujet, les idées, les arguments et les phrases. tout en un mot, excepté la langue, et qu'il est évident que ce qui constitue l'ouvrage ce sont les idées, l'ordre dans lequel elles sont présentées et leurs développements, et non l'idiome dans lequel il est écrit ; que s'il est vrai que la traduction n'est pas destinée à la même partie du public que l'ouvrage original, il n'en est pas moins certain qu'elle enlève à l'auteur, sans l'assentiment duquel elle a eu lieu, une classe de lecteurs à laquelle il aurait pu s'adresser, et qu'elle le prive des bénéfices sur lesquels il pouvait légitimement compter, soit en traduisant son ouvrage, soit en cédant, moyennant rétribution, le droit de traduire ; que la traduction, ainsi faite sans la permission de l'auteur ou de son concessionnaire, est une reproduction dommageable pour lui de l'ouvrage dont il a la propriété exclusive. » C'est ainsi qu'un jugement du tribunal de la Seine (23 mars 1847, *V.* le *Droit* du 24 mars) résume les raisons données pour soutenir que traduire c'est contrefaire (arrêt confirmatif, Paris, 17 juillet 1847, aff. Leclerc ; conf. Rouen, 7 novembre 1844, aff. Rosa, D. P. 46. 2. 212. — MM. Pardessus, *Droit commercial*, 2e partie ; Blanc, 4e édition, p. 176 ; Rendu, n° 814 ; Calmels, n° 91). On a d'abord soutenu la négative, tout en reconnaissant que la traduction est matériellement la reproduction d'une œuvre de l'esprit, par la raison que la traduction d'un livre ne pouvait causer préjudice à son auteur (M. Gastambide, n° 58). Cela

ne peut se soutenir une fois qu'on reconnaît le droit, puisque si l'auteur peut interdire la traduction, il peut dès lors l'autoriser moyennant un prix et profiter ainsi de la vente faite de son ouvrage à ceux qui n'auraient pas pu l'entendre dans l'original.

Il faut donc aborder la question de droit et interroger d'abord les dispositions de la loi de 1793. Cette loi donne aux auteurs d'écrits le droit exclusif de faire vendre leurs ouvrages. La loi ne parle pas de la traduction de ces ouvrages. Cela est d'autant plus remarquable qu'elle s'est occupée d'une question analogue et qu'elle a tranchée, celle de savoir si les tableaux et les dessins pouvaient être, sans le consentement de leurs auteurs, reproduits par la gravure. Le texte manque donc d'abord à ce système qui veut que traduire soit contrefaire. Mais ce silence de la loi ne peut-il en outre s'expliquer ? L'intérêt public, que doit toujours ménager une loi sur la propriété littéraire, ne veut-il pas qu'il soit permis à chacun de traduire un ouvrage ? Si le consentement est nécessaire, il peut être refusé et la société être privée d'un livre utile ; d'un autre côté, l'absence de concurrence peut forcer les lecteurs à subir des traductions fautives, inexactes et tronquées. — D'ailleurs le travail intelligent du traducteur ne lui donne-t-il pas le droit de profiter seul du produit de ce travail, alors surtout que la concurrence est toujours ouverte et que l'auteur a toujours cet avantage de pouvoir choisir un traducteur auquel il peut communiquer l'ouvrage avant la publication ?

Il semble que les traités internationaux aient reconnu que notre législation ne considérait pas la traduction comme une contrefaçon. En effet, si la loi française avait protégé l'auteur contre la traduction, il n'aurait pas été nécessaire de stipuler que l'auteur étranger jouirait du droit de traduction : cela aurait été de soi. C'est donc là un droit nouveau et un droit exceptionnel ; la preuve en est qu'il doit être réclamé, qu'il est limité quant à sa durée et qu'il ne peut s'exercer qu'après l'accomplissement de certaines formalités. Dira-t-on qu'on a voulu par là limiter le droit des étrangers ? Mais c'est méconnaître l'esprit général qui a présidé à la rédaction des traités. De là il faut conclure deux choses : 1° qu'on a le droit de traduire un ouvrage dans une autre langue que celle dans laquelle il a été composé, sauf les restrictions admises par les traités internationaux ; 2° que l'étranger qui a publié son ouvrage en France ne peut, malgré le décret de 1852, empêcher la traduction de son ouvrage, s'il n'est à cet égard protégé par un traité intervenu entre la France et la nation à laquelle il appartient.

353. Il faut se bien rendre compte d'un arrêt qui semble, au premier abord, contraire à l'opinion que nous avons émise (rej. 12 janvier 1853, aff. Lumley, D. P. 53. 1. 110.) Il a décidé

qu'un opéra français, traduit en italien à l'étranger, ne pouvait être représenté en France sans le consentement de l'auteur de la musique et de l'auteur des paroles. Mais la cour n'a pas tranché la question de savoir si traduire un ouvrage était le contrefaire. Elle a pensé que dans l'espèce le fait de traduction ne mettait entre les deux pièces qu'une différence insignifiante, et que la musique était la partie la plus importante de l'œuvre. (*V.* le rapport remarquable de M. le conseiller Hardouin.) Il était impossible d'admettre qu'il suffît de traduire un opéra dans une autre langue pour s'approprier cet opéra, car on ne traduit pas la musique, et le travail du traducteur des paroles est, comme l'a dit le conseiller rapporteur, chose si insignifiante, qu'elle ne constitue pas une création de l'esprit qui doive être protégée.

354. La jurisprudence de la cour de Paris semble fixée sur ce point que la reproduction des pièces de théâtre ne peut avoir lieu sans le consentement de l'auteur, lors même qu'elles ont été traduites dans une autre langue. La cour de Paris se fonde sur ce que les œuvres dramatiques sont principalement destinées aux représentations de théâtre, ce qui fait que le plan de l'ouvrage, l'ordonnance du sujet, la conception et le développement des caractères, l'agencement des scènes, la conduite de la pièce, son action et ses effets ont une importance capitale indépendamment du style, de la forme, du langage et du genre de la composition; et que le style, qui rehausse si puissamment le mérite de toute œuvre littéraire, n'est en quelque sorte que secondaire dans les compositions dramatiques sous le point de vue de la représentation (Paris, 6 novembre 1841, aff. Victor Hugo). — On voit l'embarras de la cour, qui, n'osant pas déclarer que le fait de traduire constitue en principe le délit de contrefaçon, est amenée à cette hérésie littéraire de soutenir que lorsqu'il s'agit des œuvres dramatiques, le style n'est que secondaire. Elle aurait mieux fait de décider, avec la cour de cassation, que la traduction, lorsqu'elle est insignifiante, lorsqu'elle ne suppose aucun travail de l'esprit, constitue une reproduction servile de l'œuvre, qui peut constituer une contrefaçon. Il est d'ailleurs à remarquer que dans les deux espèces, jugées par la cour de cassation et par la cour de Paris, il s'agissait de *libretti* composés pour des opéras italiens et qui étaient copiés sur des pièces françaises.

355. Nous avons vu *suprà*, n° 69, que la plupart des traités internationaux accordaient aux auteurs le privilége de publier exclusivement, pendant un certain temps, la traduction de leurs ouvrages. Celui qui, malgré ce privilége accordé à l'auteur, traduit son ouvrage, commet-il le délit de contrefaçon? Nous ne le pensons pas. Les traités ne le disent pas, et comme la législation, en France, ne considère pas que traduire ce soit contrefaire, il paraît impossible de l'imputer à celui qui a enfreint le privilége. Mais l'auteur aura le droit de saisie et pourra obtenir des dommages-intérêts.

356. Il faut remarquer aussi que le privilége n'est accordé que dans des traités internationaux, et que dès lors la prohibition ne s'applique que d'une nation à une autre. Ainsi un auteur français pourra empêcher en Angleterre de traduire son ouvrage, et réciproquement. Mais il ne résulte pas des traités qu'un auteur français, par exemple, ait le droit d'empêcher en France la traduction de son ouvrage dans une langue étrangère. Au moins ce ne seront pas les traités qui lui donneront ce droit.

357. Nous croyons que les dispositions des traités relatifs à la traduction sont contraires aux intérêts du public et à ceux de l'industrie. Nous avons d'abord établi que l'auteur avait un avantage sur ceux qui voulaient traduire son œuvre, puisqu'il peut communiquer son livre avant l'impression à un traducteur de son choix. Ajoutons que la libre concurrence empêche que l'auteur puisse abuser de son privilége en laissant publier une traduction fautive. Si W. Scott avait eu le droit de concéder le droit exclusif de traduire ses livres, les premières traductions de ses ouvrages, que nous avons connues si imparfaites, ne se seraient pas perfectionnées, car la concurrence n'aurait pas été là pour exciter l'émulation.

358. Au reste cette question de la traduction devrait être tranchée par la législation. Elle devrait partir de cette considération que le travail du traducteur est une œuvre de l'intelligence, mais que l'auteur garde la plus grande part dans la composition du livre. Il nous semble dès lors qu'il faudrait décider que toute personne pourrait traduire un ouvrage, à la charge d'une redevance à payer à l'auteur.

J. DELALAIN. *Législation de la propriété littéraire et artistique*; 1 vol. in-8°, 1858, pages 2 et 7.

La législation ne contient aucune disposition spéciale concernant la traduction dans une autre langue d'œuvres originales protégées par les lois sur la propriété littéraire. Ce silence du législateur ne peut être considéré comme un amoindrissement du droit absolu que la loi donne à l'auteur sur ses œuvres et ses conceptions, sans distinction des idiomes dans lesquels elles sont écrites. On trouve dans la jurisprudence plusieurs décisions en ce sens : d'après un arrêt de la cour de cassation (12 janvier 1853), deux arrêts de la cour de Paris (17 juillet 1847 et 26 janvier 1852), un arrêt de la cour de Rouen (7 novembre 1845) et deux jugements du tribunal de la Seine (23 mars 1847 et 23 avril 1857), une traduction littérale en une autre langue que celle de l'édition originale ne peut être publiée ni introduite en France sans le consentement des auteurs ou de leurs ayants cause. La traduction d'un livre français en langue étrangère reproduit nécessairement l'ouvrage original, puisque le traducteur en prend le titre, le sujet, les idées, les arguments et les phrases, tout en un mot, excepté la langue; or il est évident que ce qui constitue un ouvrage, ce sont le sujet, les idées, l'ordre dans lequel elles sont présentées, leur développement, et non l'idiome dans lequel il est écrit (jugement du tribunal de la Seine, confirmé par la cour impériale de Paris, 23 mars et 17 juillet 1847).

Il y a une observation générale à présenter au sujet des traductions. Il faut distinguer si les traductions sont faites sur une œuvre de propriété privée ou sur une œuvre du domaine public: dans le premier cas, elles ne peuvent être faites que du consentement de l'auteur de l'œuvre originale ou de ses ayants cause, quel que soit l'idiome dans lequel cette œuvre a été écrite; dans le second cas, elles peuvent être faites librement par tous. Dans les deux cas, chaque nouvelle traduction autorisée ou permise devient une propriété privée, qu'on ne peut reproduire ou imiter sans commettre le délit de contrefaçon.

Toute traduction d'un ouvrage écrit en langue étrangère, vivante ou morte, que l'œuvre traduite soit du domaine privé ou du domaine public, est une propriété qui ne peut être reproduite ni copiée (arrêt de la cour de cassation, 23 juillet 1824). Cette question est tout à fait distincte de celle relative au droit de traduction; il faut faire attention à ne pas les confondre.

IV.

SOLUTIONS PROPOSÉES

AU CONGRÈS DE BRUXELLES.

Comité d'organisation du Congrès de Bruxelles. — M. ÉDOUARD ROMBERG, rapporteur.

12ᵉ et 13ᵉ QUESTIONS. *Le privilége de traduction est-il la conséquence nécessaire du droit de propriété sur le texte original, et doit-il exister indépendamment de toute condition?*

Les lois ainsi que les traités internationaux diffèrent beaucoup sur ce point. Tantôt le droit de l'auteur est borné à la publication originale; tantôt il comprend le privilége de traduction d'une manière absolue; tantôt l'auteur a seul le droit de traduire, mais sous la condition qu'il se réservera formellement ce privilége et qu'il livrera au public, par lui-même ou par ses ayants droit, des traductions de son ouvrage dans un délai déterminé.

On fait valoir des raisons assez fortes pour cette dernière solution. Le droit de propriété littéraire a pour point de départ la publication d'une œuvre. La société garantit à l'auteur certains avantages en échange de ceux qu'il lui procure à elle-même. Mais le privilége de traduction, lorsque l'auteur s'abstient d'en user, n'est plus qu'un effet sans cause. Il n'est pas juste que la société reste à toujours privée, par son omission ou sa négligence, d'une jouissance sur laquelle elle avait le droit de compter, et que d'autres que l'auteur sont peut-être prêts à lui assurer. Sans méconnaître la force de ces considérations, le Comité pense qu'elles doivent fléchir devant la rigueur des principes. Le droit de propriété de l'auteur ne souffre pas d'altération ni d'amoindrissement. L'écrivain doit rester libre d'émettre sa pensée en un ou plusieurs idiomes, selon sa convenance. La conservation du privilége de traduction ne peut pas plus être conditionnelle que le maintien du droit de propriété sur le texte original. Pour l'exercice de l'un comme de l'autre l'écrivain ne doit de compte à personne. Il faut s'en rapporter à lui-même du soin de faire ou d'autoriser des traductions de son ouvrage lorsque ces traductions répondront à un besoin ou un vœu réel du public.

Commission mixte de Paris, Rapport présenté au nom du Cercle de la librairie, de l'imprimerie et de la papeterie françaises, et de la Commission des auteurs et compositeurs dramatiques du même pays. — M. L. HACHETTE, rapporteur.

12ᵉ ET 13ᵉ QUESTIONS. *Le droit de propriété sur le texte original emporte-t-il avec la même étendue et durant le même terme le privilége de traduction?*

N'y a-t-il point lieu, dans tous les cas, de subordonner la conservation de ce dernier privilége à certaines conditions, comme par exemple l'obligation de faire paraître dans un temps déterminé une traduction de l'ouvrage original?

Résumons d'abord brièvement les dispositions qui, dans les diverses législations européennes et dans les traités internationaux, sont relatives au droit de traduction.

En France les lois et les décrets concernant la propriété littéraire ne contiennent aucune disposition spéciale relative aux traductions d'ouvrages du domaine privé publiés en langue française; mais la jurisprudence a établi que le droit exclusif et absolu des auteurs sur leurs œuvres contient implicitement le droit de les traduire ou d'en autoriser la traduction en d'autres langues, et qu'en conséquence toute traduction non autorisée par eux ou leurs ayants cause est une contrefaçon.

En Belgique les auteurs ont le droit exclusif

de publier leurs œuvres en une ou plusieurs langues. La durée de ce droit est, comme pour les œuvres originales, de vingt ans, à partir du décès de l'auteur ou du traducteur.

En Prusse l'auteur qui veut se réserver le droit de traduire est tenu d'en faire la déclaration expresse sur le titre de la première édition de son ouvrage, et en outre de faire paraître la traduction dans un délai de deux ans, à partir de la publication originale.

En Autriche l'auteur est tenu de faire la même réserve pour conserver son droit.

En Russie il est permis à chacun de publier des traductions dans une langue quelconque d'un ouvrage publié en langue russe, mais à la condition de n'y pas joindre le texte original. Toutefois les auteurs d'ouvrages scientifiques peuvent se réserver le droit exclusif de traduction.

Sur les vingt-quatre traités internationaux conclus dans ces dernières années entre la France et d'autres pays, huit seulement contiennent des clauses relatives au droit de traduction.

La Sardaigne, le Portugal, l'Angleterre, l'Espagne, la Belgique, la Saxe royale, l'État de Hambourg et le duché de Bade n'ont assuré ce droit aux auteurs que sous la double condition qui leur est imposée d'en faire la réserve expresse sur le livre original, et de publier chaque traduction dans un délai déterminé qui varie de six mois à trois ans.

Dans la convention faite avec le Portugal la durée de la propriété littéraire est pour les traductions la même que celle fixée pour les ouvrages originaux, qui en France et en Portugal est de trente ans, à partir du décès de l'auteur. La convention avec la Sardaigne n'accorde que vingt ans de durée à cette propriété.

Dans celles faites avec l'Angleterre, l'Espagne, la Belgique, la Saxe royale, l'État de Hambourg et le duché de Bade, cette durée est seulement de cinq ans à dater du jour de la publication de chaque traduction.

Dans le traité fait avec la Hollande le droit de propriété est accordé à tout auteur d'une traduction d'ouvrage national ou étranger, mais cette protection ne s'étend que sur sa propre traduction et n'est point exclusive d'autres publications analogues et simultanées.

L'absence de toute disposition relative aux traductions dans les traités faits avec les seize autres pays peut être interprétée en faveur du droit exclusif des auteurs à la traduction de leurs œuvres, et dans ce cas chaque traduction serait assimilée à l'ouvrage original à l'égard du privilége et de la durée de la jouissance.

En comparant entre elles ces dispositions si diverses qui ont été introduites dans les législations et dans les traités internationaux, on reconnaît que deux principes différents ont successivement prévalu, à savoir : le droit exclusif de l'auteur à la traduction de son ouvrage, et la restriction de ce droit.

Lequel de ces deux principes doit-il être adopté de préférence ?

Cette question est une de celles qui méritaient notre plus sérieux examen.

A l'appui de la restriction du droit, on peut faire valoir qu'une traduction s'adresse à un public en vue duquel l'original n'a pas été écrit ; qu'elle forme une œuvre nouvelle dont l'exécution exige souvent un grand travail et un grand talent ; enfin que la liberté de traduction, sauf quelques restrictions temporaires, est éminemment favorable à la propagation des connaissances utiles ou agréables.

Sans méconnaître ces avantages, les partisans du droit absolu de l'auteur considèrent que la traduction d'un livre original en une autre langue équivaut à l'arrangement d'un morceau de musique, ou également à la reproduction d'une statue, d'un tableau et d'un autre objet d'art en relief par le dessin ou par un autre procédé, et qu'en limitant ou en niant le droit de traduction, on serait entraîné nécessairement à restreindre ou à nier de la même manière le droit des artistes.

D'autres considérations plus importantes se présentent encore.

La traduction d'un ouvrage de science, surtout d'un ouvrage accompagné de gravures, est une entreprise qui exige, pour réussir, une appréciation complète du mérite de l'œuvre originale, un temps considérable pour la bonne exécution et des avances de fonds souvent fort onéreuses. Comment pouvoir apprécier un livre au début de la première publication ? Ne faut-il pas que sa valeur scientifique ait eu le temps de s'établir ? Quel éditeur prudent voudra s'engager dans une publication coûteuse avec précipitation, sans avoir devant soi le temps nécessaire pour réaliser son opération, et surtout s'il peut craindre l'invasion d'une concurrence ?

Les législations et les conventions qui ont accordé aux auteurs de six mois à deux ans pour publier la traduction de leur livre, et cinq années ensuite pour l'exploiter, n'ont eu certainement en vue que les œuvres de circonstance ou les romans qui apparaissent et sont souvent oubliés au bout de quelques années. Elles auraient été plus libérales si elles avaient songé aux grands traités scientifiques, aux grandes publications littéraires et aux collections volumineuses, dont il importe surtout d'encourager la reproduction en langues étrangères.

Ces considérations ont amené la Commission à penser que le droit de traduction devait avoir la même durée et obtenir les mêmes garanties que le droit de propriété littéraire. Mais en même temps elle a été d'avis que, dans l'intérêt général, les auteurs devaient être soumis à la double obligation de déclarer en tête de leurs ouvrages si le droit de traduire est réservé par uu ... faire paraître la traduction dans un délai de cinq ans, à partir de la première publication de l'ouvrage original.

Ces deux dernières dispositions se justifient facilement. D'une part, l'auteur peut désirer que la traduction de son livre se fasse librement et la considérer même comme un honneur et un avantage pour lui. Il est donc convenable de ne pas suspendre inutilement une publication qui d'ailleurs peut être agréable ou utile au public.

D'autre part, si, par l'indifférence ou la négligence de l'auteur, ou par d'autres circonstances, la publication de la traduction n'a pas eu lieu dans un délai déterminé, il est équitable que le droit tombe en déchéance et que la faculté de traduire le livre entre dans le domaine commun.

Comité de la Société des gens de lettres de Paris. — Rapporteur, M. Auguste Vitu.

12e ET 13e QUESTIONS. *Le droit de propriété sur le texte original emporte-t-il, avec la même étendue et durant le même temps, le privilège de traduction?*

Quant au droit de traduction, nous ne le distinguons pas du droit de propriété.

———

Notre tâche est accomplie. Nous nous sommes bornés à reproduire les documents divers et les opinions contradictoires qui ont été formulées sur le droit de traduction. Le Congrès de Bruxelles aura ces pièces sous les yeux : il pourra juger en connaissance de cause une question qui intéresse au plus haut point la littérature et l'industrie.   J. D.

Paris. — Imprimerie de PILLET fils aîné, rue des Grands-Augustins, 5.